5개년
기출문제

교육학
개론

신념을 가지고 도전하는 사람은 반드시 그 꿈을 이룰 수 있습니다.
처음에 품은 신념과 열정이 취업 성공의 그 날까지 빛바래지 않도록
서원각이 수험생 여러분을 응원합니다.

Preface

시험의 성패를 결정하는 데 있어 가장 중요한 요소 중 하나는 충분한 학습이라고 할 수 있다. 하지만 무작정 많은 양을 학습하는 것은 바람직하지 않다. 시험에 출제되는 모든 과목이 그렇듯, 전통적으로 중요하게 여겨지는 이론이나 내용들이 존재한다. 그리고 이러한 이론이나 내용들은 회를 걸쳐 반복적으로 시험에 출제되는 경향이 나타날 수밖에 없다. 따라서 모든 시험에 앞서 필수적으로 짚고 넘어가야 하는 것이 기출문제에 대한 파악이다.

교육학개론은 기본적인 교육학 이론과 교육학에 대한 다양한 사고 적립을 위한 철학적, 행정학적, 경제학적 지식이 동반되는 과목이다. 방대한 이론을 담고 있는 과목인 만큼 반복적인 학습과 기출문제를 통한 출제경향 분석으로 자신만의 데이터를 만드는 학습방법이 효율적일 것이다. 그러므로 본서는 최근 5개년 기출문제를 전문적이고 세심한 해설과 함께 담아 혼자 공부하는 수험생에게 훌륭한 길잡이가 될 것이다.

9급 공무원 최근 5개년 기출문제 시리즈는 기출문제 완벽분석을 책임진다. 그동안 시행된 국가직·교육행정직 기출문제를 연도별로 수록하여 매년 빠지지 않고 출제되는 내용을 파악하고, 다양하게 변화하는 출제경향에 적응하여 단기간에 최대의 학습효과를 거둘 수 있도록 하였다.

9급 공무원 시험의 경쟁률이 해마다 점점 더 치열해지고 있다. 이럴 때일수록 기본적인 내용에 대한 탄탄한 학습이 빛을 발한다. 수험생 모두가 자신을 믿고 본서와 함께 끝까지 노력하여 합격의 결실을 맺기를 희망한다.

Structure

● 기출문제 학습비법

step 01 "진짜" 기출문제 풀기 with 스톱워치

step 02 기출 포인트만 쏙쏙! 정답 및 해설

step 03 고득점을 위한 PLUS 오답노트

step 04 합격을 위한 반복학습

9급 교육학개론 출제경향

교육학개론은 교육이란 무엇인가라는 기본적인 이론과 철학을 기반으로 교육학, 행정학, 사회학 등에 대한 폭넓은 이해가 동반되는 과목이다. 다양한 학문적 이론을 아우르고 있으므로 기본 개념에 대한 이해와 그에 따른 응용능력을 기르는 것이 필요하다. 또한 오늘날 인류가 가진 교육적 과제와 인식 등 사회적인 부분과 함께 꼼꼼하게 준비하면 좋을 것이다. 최근으로 올수록 교육행정 관련 문제의 출제비중이 높아지고 있어 그에 대한 철저한 준비가 요구된다.

● 본서 특징 및 구성

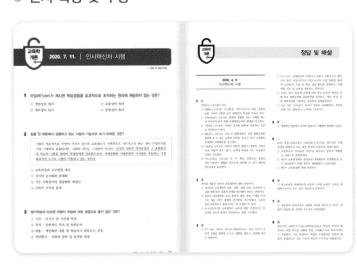

최근 5개년 기출문제 수록

최신 기출문제를 비롯하여 그동안 시행되어 온 9급 공무원 국가직·교육행정직 등의 기출문제를 최다 수록하였다. 매년 시험마다 반복적으로 출제되는 핵심내용을 확인하고, 변화하는 출제경향을 파악하여 실제 시험에 대한 완벽대비를 할 수 있도록 구성하였다.

꼼꼼하고 자세한 해설

정답에 대한 상세한 해설을 통해 한 문제 한 문제에 대한 완전학습을 꾀하였다. 더하여 정답에 대한 설명뿐만 아니라 오답에 대한 보충 설명도 첨부하여 따로 이론서를 찾아볼 필요 없이 효율적인 학습이 될 수 있도록 구성하였다.

Contents

5개년
기출문제

☞ 정답 및 해설 P.2

1 다음에 해당하는 교육과정 관점은?

> • 교사가 아니라 학생 중심의 수업을 강조한다.
> • 교육내용을 학생과 환경 간의 상호작용이라는 측면에서 이해한다.
> • 교육과정은 사전에 계획되는 것이 아니라 교육의 과정에서 생성되는 것으로 본다.

① 경험중심 교육과정

② 교과중심 교육과정

③ 학문중심 교육과정

④ 행동주의 교육과정

2 다음에 해당하는 현대 교육철학 사조는?

> • 교육이 처해 있는 사회 구조나 제도에 대해 의문을 제기한다.
> • 의사소통적 합리성이라는 개념을 통해 교육에서 조작이나 기만, 부당한 권력 남용 등을 극복할 수 있는 발판을 마련하였다.
> • 교육을 교육의 논리가 아니라 정치 · 경제 · 사회의 논리에 의해 해석하는 경향이 있다.

① 실존주의 교육철학

② 분석적 교육철학

③ 비판적 교육철학

④ 포스트모더니즘 교육철학

3 다음에 해당하는 장학의 유형은?

> • 학생들의 수업평가 결과 활용
> • 자신의 수업을 녹화하여 분석 · 평가
> • 대학원에 진학하여 전공 교과 또는 교육학 영역의 전문성 신장

① 약식 장학   ② 자기 장학

③ 컨설팅 장학   ④ 동료 장학

4 발달학자들이 제시하는 발달의 일반적 원리로 볼 수 없는 것은?

① 발달은 일정한 순서와 단계를 따른다.

② 발달은 성숙과 학습의 상호작용의 결과이다.

③ 발달 속도는 개인 간 및 개인 내 차이가 있다.

④ 특수한 반응에서 전체적인 반응으로 이행하며 발달해 나간다.

5 2009 개정 교육과정에 대한 설명으로 옳은 것은?

① 총론 중심의 교육과정 개정이었다.

② 초등학교에 창의적 체험활동을 없애고 '우리들은 1학년'을 신설하였다.

③ 중학교와 고등학교에 재량활동을 신설하였다.

④ 초등학교 1학년부터 고등학교 1학년까지 국민공통기본교육과정을 적용하였다.

6 학교교육의 사회적 기능에 대한 기능주의적 관점으로 볼 수 없는 것은?

① 사회구성원을 선발 · 분류하여 적재적소에 배치한다.

② 체제 적응 기능을 수행해 전체 사회의 유지에 기여한다.

③ 지배집단의 신념과 가치를 보편적 가치로 내면화시킨다.

④ 새로운 세대에게 기존 사회의 생활양식, 가치와 규범을 전수한다.

7 조선시대 성균관에 대한 설명으로 옳지 않은 것은?

① 문묘와 학당이 공존하는 묘학(廟學)의 형태를 띠고 있었다.

② 고려의 국자감과 달리 순수한 유학(儒學) 교육기관으로 운영되었다.

③ 유생들이 생활하며 공부할 때 지켜야 할 수칙으로 학령(學令)이 존재하였다.

④ 재학 유생이 정원에 미달하면 지방 향교(鄕校)의 교생을 우선적으로 승보시켰다.

8 다음에 해당하는 학습이론은?

> • 강화 없이 관찰하는 것만으로 학습이 일어날 수 있다.
> • 강화는 수행을 위해 필요한 조건이지 학습을 위해 반드시 필요한 조건은 아니다.
> • 인간의 행동은 보상이나 처벌보다는 자기 조절에 의해 이루어진다.

① 형태주의 학습이론

② 사회인지 이론

③ 행동주의 학습이론

④ 병렬분산처리 이론

9 변별도에 대한 설명으로 옳은 것만을 모두 고른 것은?

> ㉠ 난이도가 어려울수록 변별도는 높아진다.
> ㉡ 정답률이 50 %인 문항의 변별도는 1이다.
> ㉢ 모든 학생이 맞힌 문항의 변별도는 0이다.

① ㉡

② ㉢

③ ㉠, ㉡

④ ㉠, ㉢

10 지능에 대한 학자의 설명으로 옳은 것은?

① 길포드(J. P. Guilford)는 지능이 내용, 형식, 조작, 산출이라는 4개의 차원으로 구성된다고 가정하였다.

② 스턴버그(R. J. Sternberg)는 지능이 맥락적 요소, 정신적 요소, 시간적 요소로 구성된다는 삼위일체이론을 주장하였다.

③ 가드너(H. Gardner)는 지능이 사회문화적 맥락의 영향을 받지 않는, 서로 독립적이며 다양한 능력으로 구성되어 있다고 보았다.

④ 카텔(R. B. Cattell)은 지능을 유동적 지능과 결정적 지능으로 구분하고, 결정적 지능은 교육이나 훈련의 결과로 형성되는 것으로 보았다.

11 르네상스 시기의 인문주의 교육에 대한 설명으로 옳지 않은 것은?

① 인간 중심적 사고를 강조하였다.

② 감각적 실학주의를 비판하며 등장하였다.

③ 북유럽의 인문주의 교육은 개인보다는 사회 개혁에 주된 관심을 가졌다.

④ 이탈리아의 인문주의 교육에서는 자기 표현 및 창조적 능력의 실현을 강조하였다.

12 다음 「교육기본법」 제6조의 내용과 관계가 깊은 교육행정의 원리는?

> 교육은 교육 본래의 목적에 따라 그 기능을 다하도록 운영되어야 하며, 정치적·파당적 또는 개인적 편견을 전파하기 위한 방편으로 이용되어서는 아니 된다.

① 자주성의 원리

② 합법성의 원리

③ 기회균등의 원리

④ 지방분권의 원리

13 개별화 수업의 특징으로 볼 수 없는 것은?

① 교육목표는 학습자 개인의 동기·능력·희망·흥미에 따라 선택되고 결정된다.

② 평가 결과에 따라 교정이 이루어지거나 보충·심화 과제가 주어진다.

③ 효율적인 수업을 위해 교수자가 주도권을 가진다.

④ 학생의 수준과 속도에 따라 학습내용의 분량과 진도 등이 결정된다.

14 「초·중등교육법」에 따른 각급학교의 장이 「평생교육법」에 의거하여 학교의 평생교육을 실시하고자 할 때, 그 방법으로 옳지 않은 것은?

① 평생교육을 직접 실시하거나 영리를 목적으로 하는 법인 및 단체에 위탁하여 실시할 수 있다.

② 학교의 평생교육을 실시하기 위하여 각급학교의 교실·도서관·체육관, 그 밖의 시설을 활용하여야 한다.

③ 평생교육을 실시함에 있어서 평생교육의 이념에 따라 교육과정과 방법을 수요자 관점으로 개발·시행하도록 한다.

④ 학교를 개방할 경우 개방시간 동안의 해당 시설의 관리·운영에 필요한 사항은 해당 지방자치단체의 조례로 정한다.

15 학교예산 편성 기법 중 영기준 예산제도(Zero Based Budgeting System)의 장점으로 볼 수 없는 것은?

① 우선순위가 높은 사업에 대한 집중 지원이 가능하다.

② 학교경영에 구성원의 폭넓은 참여를 유도할 수 있다.

③ 점증주의적 예산 편성 방식을 통해 시간과 노력의 부담을 경감할 수 있다.

④ 학교경영 계획과 예산이 일치함으로써 교장의 합리적이고 과학적인 학교경영을 지원할 수 있다.

16 「공교육 정상화 촉진 및 선행교육 규제에 관한 특별법」에서 금지하는 행위에 포함되지 않는 것은?

① 지필평가, 수행평가 등 학교 시험에서 학생이 배운 학교교육과정의 범위와 수준을 벗어난 내용을 출제하어 평가하는 행위

② 각종 교내 대회에서 학생이 배운 학교교육과정의 범위와 수준을 벗어난 내용을 출제하여 평가하는 행위

③ 「영재교육 진흥법」에 따른 영재교육기관에서 학교교육과정의 범위와 수준을 벗어난 내용으로 영재교육을 실시하는 행위

④ 대학의 입학전형에서 고등학교 교육과정의 범위와 수준을 벗어난 내용을 출제 또는 평가하는 대학별고사를 실시하는 행위

17 브루너(J. Bruner)의 교수이론에 근거한 수업으로 보기 어려운 것은?

① 내재적 보상보다 외재적 보상을 강조한다.

② 각각의 교과목이 가지고 있는 나름의 지식의 구조를 학생에게 탐색하도록 한다.

③ 기본적 원리나 개념의 이해를 통해 전이의 가능성을 최대로 한다.

④ 아동의 사고방식과 지적 수준을 고려하여 교과의 내용을 가르친다.

18 수학성취도 평가를 실시한 결과, 전체 학생의 수학 원점수는 평균이 70, 표준편차가 10인 정규분포를 따랐다. 원점수 80을 받은 학생이 포함된 백분위 구간은?

① 60이상 70미만

② 70이상 80미만

③ 80이상 90미만

④ 90이상 100미만

19 다음은 유네스코의 21세기 국제교육위원회에서 제시한 21세기를 준비하는 4가지 학습이다. 이 내용을 담고 있는 보고서는?

> • 알기 위한 학습(learning to know)
> • 행하기 위한 학습(learning to do)
> • 존재하기 위한 학습(learning to be)
> • 함께 살기 위한 학습(learning to live together)

① 만인을 위한 평생학습(Lifelong Learning for All)
② 학습 : 감추어진 보물(Learning : The Treasure Within)
③ 지구 지식경제에서의 평생학습(Lifelong Learning in the Global Knowledge Economy)
④ 순환교육 : 평생학습을 위한 전략(Recurrent Education : A Strategy for Lifelong Learning)

20 정보처리 이론의 부호화 과정에 해당하지 않는 것은?

① 필요한 정보를 도표, 개념지도, 개요 등으로 조직화한다.
② 새로운 정보를 장기기억에 저장되어 있는 선행지식과 연결시키는 작업을 한다.
③ 새로운 정보를 유사하고 유관한 정보 조각과 연합하여 유의미하게 한다.
④ 새로운 자극에 주의를 기울일 수 있도록 화려한 멀티미디어를 사용한다.

☞ 정답 및 해설 P.4

1 다음과 같이 주장하는 교육철학은?

교육철학은 철학 이론들로부터 교육실천의 함의를 이끌어 내는 데 주력하지 말고, 교육의 목적이나 교육의 실제 그 자체에 대해 철학적으로 사고하는 일에 집중해야 한다. 또한 기존 교육 사상들이 가정하고 있는 개념적 구조를 명료화하고 개념의 일관성과 타당성을 검토함으로써 언어의 혼란으로 인해 빚어진 교육 문제를 제거하는 일에 관심을 두어야 한다.

① 분석적 교육철학
② 비판적 교육철학
③ 실존주의 교육철학
④ 프래그머티즘 교육철학

2 포스트모던 교육철학을 반영한 교육적 실천으로 볼 수 없는 것은?

① 학교 내 소수자를 보호하는 방안을 모색한다.
② 발표 수업에서 학생들의 다양한 관점을 수용한다.
③ 대화와 타협의 과정에 충실한 토론식 수업을 권장한다.
④ 학습 과정에서 지식의 실재성과 가치의 중립성을 강조한다.

3 다음에서 조선의 성리학자들이 공통적으로 말하고 있는 것은?

> • 도리(道理)를 우리들이 마땅히 알아야 할 것으로 삼고 덕행(德行)을 우리들이 마땅히 실천해야 할 것으로 삼아 먼 곳보다 가까운 데서 겉보다 속부터 공부를 시작해서 마음으로 터득하여 몸소 실천해야 한다.
>
> – 퇴계 이황, 「퇴계집」의 「언행록」 –
>
> • 처음 배우는 이는 먼저 뜻을 세우되, 반드시 성인(聖人)이 될 것을 스스로 기약해야 하며 조금이라도 자신을 별 볼 일 없게 여겨 물러나려는 생각을 가져서는 안 된다.
>
> – 율곡 이이, 「격몽요결」의 「입지」 –

① 위기지학(爲己之學)
② 격물치지(格物致知)
③ 실사구시(實事求是)
④ 권학절목(勸學節目)

4 아리스토텔레스의 교육 사상에 대한 설명으로 옳지 않은 것은?

① 교육은 시민들의 행복한 삶을 다룬다는 점에서 정치와 동일하다.
② 도덕적 탁월성이란 개인이 가진 내적 소질을 최대한 발현시키는 것이다.
③ 인간을 포함하여 존재하는 모든 것은 장차 실현될 모습을 스스로 지니고 있다.
④ 반어법(反語法)과 산파술(産婆術)은 학습자의 무지를 일깨우기 위한 교수법이다.

5 다음 (가), (나)의 내용에 부합하는 교육과정 유형을 바르게 짝지은 것은?

> (가) 인류가 축적한 문화유산을 체계화한 지식을 중심으로 교육과정을 설계한다. 교육의 주된 목적을 지식의 전수에 두고 있으며, 교사 중심의 강의식 수업을 중시한다.
>
> (나) 이론적 체계가 갖추어진 지식의 구조를 중심으로 교육과정을 설계한다. 학생의 탐구활동을 통한 발견학습과 지식의 전이를 강조한다.

	<u>(가)</u>	<u>(나)</u>
①	인간중심 교육과정	학문중심 교육과정
②	인간중심 교육과정	경험중심 교육과정
③	교과중심 교육과정	학문중심 교육과정
④	교과중심 교육과정	경험중심 교육과정

6 영 교육과정(null curriculum)에 대한 설명으로 옳은 것은 〈보기〉에서 고른 것은?

> 〈보기〉
> ㉠ 아이즈너(E. Eisner)가 제시한 개념이다.
> ㉡ 교과 지식을 아동의 흥미와 요구에 맞추어 재구성한 것이다.
> ㉢ 학생이 학교생활을 통해 은연중에 가지게 되는 경험의 총화이다.
> ㉣ 교육적 가치가 있음에도 불구하고 학교에서 학생들이 학습할 기회를 갖지 못하는 내용이다.

① ㉠㉢

② ㉠㉣

③ ㉡㉢

④ ㉡㉣

7 다음 사례에 가장 잘 부합하는 협동학습 모형은?

> 박 교사는 한국사 수업을 다음과 같이 진행하였다.
> (1) 고려 시대의 학습내용을 사회, 경제, 정치, 문화의 4개 주제로 구분하였다.
> (2) 학급 인원수를 고려하여 모둠을 구성하고, 모둠에서 각 주제를 담당할 학생을 지정하였다.
> (3) 주제별 담당 학생을 따로 모아 전문가 집단에서 학습하도록 하였다.
> (4) 전문가 집단에서 학습한 학생들을 원래의 모둠으로 돌려보내 각자 학습한 내용을 서로 가르쳐 주도록 하였다.
> (5) 모둠학습이 끝난 후, 쪽지 시험을 실시하여 우수학생에게 개별보상을 하고 수업을 종료하였다.

① 팀경쟁학습(TGT) 모형
② 팀보조개별학습(TAI) 모형
③ 과제분담학습 I (Jigsaw I) 모형
④ 학습자팀성취분담(STAD) 모형

8 딕과 캐리(W. Dick & L. Carey)의 교수설계모형에 대한 설명으로 옳지 않은 것은?

① 교수설계자의 입장에 초점을 두어 개발된 체제적 교수설계모형이다.
② 교수분석 단계에서는 수업목표의 유형을 구분하고 세부과제를 도출한다.
③ 수행목표 진술 단계에서는 학습자에게 기대되는 성과를 구체적으로 진술한다.
④ 각 단계명의 영어 첫째 글자를 조합하여 ASSURE 모형으로 명명하기도 한다.

9 생활지도의 활동 중 정치(定置)활동으로 옳은 것을 〈보기〉에서 고른 것은?

〈보기〉

㉠ 학생의 희망 및 능력에 맞추어 동아리를 선택하도록 도와주고 배정하는 활동
㉡ 학생을 이해하고 지도하는 데 필요한 가정환경, 교우관계, 심리적 특성 등에 관한 기초 자료를 수집하는 활동
㉢ 학생이 진로를 현명하게 선택할 수 있도록 학생의 적성과 흥미 등을 고려하여 도와주거나 안내하는 활동
㉣ 생활지도를 일차 완료 후 학생의 적응 상태와 변화 정도를 점검하고, 필요하면 추가로 도움을 제공하는 활동

① ㉠㉢
② ㉠㉣
③ ㉡㉢
④ ㉡㉣

10 엘리스(A. Ellis)의 합리적 · 정서적 상담에 대한 설명으로 옳은 것은?

① 내담자의 이상적 자아와 현실적 자아의 일치를 정신건강의 지표로 간주한다.
② 주요 상담기법으로 자유연상, 꿈의 분석, 전이의 분석, 저항의 해석이 있다.
③ 상담자는 내담자로 하여금 자신의 문제가 왜곡된 지각과 신념에 기인한 것임을 깨닫도록 논박한다.
④ 내담자는 부모, 어른, 아이의 세 가지 자아를 필요에 따라 적절하게 사용할 수 있는 능력을 갖추는 것이 중요하다.

11 고전검사이론에서의 문항변별도에 대한 설명으로 옳은 것을 〈보기〉에서 고른 것은?

〈보기〉

㉠ 문항변별도 지수는 0~100 사이의 값을 갖는다.

㉡ 각 문항이 학생들의 능력 수준을 구분해 주는 정도를 나타낸다.

㉢ 능력 수준이 다른 두 집단을 대상으로 각각 계산하더라도 문항변별도는 동일하다.

㉣ 검사 총점이 높은 학생이 낮은 학생에 비해 문항변별도가 높은 문항에서 정답을 맞힐 가능성이 높다.

① ㉠㉢　　　　　　　　　　　　　　　② ㉠㉣

③ ㉡㉢　　　　　　　　　　　　　　　④ ㉡㉣

12 콜버그(L. Kohlberg)의 도덕성 발달이론에 대한 설명으로 옳은 것은 〈보기〉에서 고른 것은?

〈보기〉

㉠ 피아제(J. Piaget)가 구분한 아동의 도덕성 발달단계를 더 세분화하여 성인기까지 확장하였다.

㉡ 도덕적 사고력을 길러 주기 위해서는 성인에 의한 사회적 전수가 중요한 교육방법이라고 하였다.

㉢ 다섯 번째 단계인 '사회계약 정신 지향' 단계에서는 '착한 소년·소녀'처럼 타인으로부터 도덕적이라고 인정받는 것이 중요하다.

㉣ 길리건(G. Gilligan)은 콜버그의 도덕성 발달이론에 대해 남성 중심의 이론이며 여성의 도덕성 판단 기준은 남성과 다르다고 비판하였다.

① ㉠㉢　　　　　　　　　　　　　　　② ㉠㉣

③ ㉡㉢　　　　　　　　　　　　　　　④ ㉡㉣

13 학교교육에 대한 기능론적 관점으로 옳은 것만을 〈보기〉에서 모두 고른 것은?

〈보기〉
㉠ 기존의 계층 간 사회 불평등을 유지·심화한다.
㉡ 자본주의 이데올로기에 순응하는 노동력을 양산한다.
㉢ 개인을 능력에 따라 합리적으로 분류·선발·배치한다.
㉣ 사회구성원에게 보편적 가치를 내면화하여 구성원의 동질성을 확보한다.

① ㉠㉡
② ㉢㉣
③ ㉠㉡㉢
④ ㉡㉢㉣

14 학생의 학업성취에 관한 학자의 주장을 바르게 진술한 것은?

① 젠슨(A. Jensen)은 유전적 요인이 아닌 환경적 요인 때문에 소수 인종의 학업성취가 낮다고 주장하였다.

② 콜만(J. Coleman)은 학교 시설·자원이 가정 배경보다 학업성취에 더 큰 영향을 미친다고 주장하였다.

③ 로젠탈(R. Rosenthal)과 제이콥슨(L. Jacobson)은 학업성취가 올라가리라는 교사의 기대가 학생의 학업성취를 높인다고 주장하였다.

④ 번스타인(B. Bernstein)은 노동자 계층 자녀의 학업성취가 낮은 이유는 가정에서 제한된 언어 코드가 아닌 정교한 언어 코드를 사용하기 때문이라고 주장하였다.

15 「평생교육법」에 근거할 때, 평생교육기관이 아닌 것은?

① 교육감에게 등록된 학교교과교습학원
② 관할청에 보고된 대학 부설 평생교육원
③ 교육감에게 신고된 시민사회단체의 평생교육시설
④ 교육부장관의 인가를 받은 사업장 부설 사내대학

16 다음 ㈎, ㈏의 내용에 해당하는 평생교육제도를 바르게 짝지은 것은?

> ㈎ 개인의 다양한 학습경험을 공식적인 이력부에 종합적으로 누적·관리하고 그 결과를 학력이나 자격인정과 연계하거나 고용 정보로 활용하는 제도이다.
>
> ㈏ 학교에서뿐만 아니라 학교 밖에서 이루어지는 다양한 형태의 학습경험 및 자격을 학점으로 인정하고, 학점이 누적되어 일정 기준을 충족하면 학위취득을 가능하게 하는 제도이다.

	㈎	㈏
①	평생학습계좌제	학점은행제
②	문하생학력인정제	학점은행제
③	평생학습계좌제	독학학위제
④	문하생학력인정제	독학학위제

17 과학적 관리론을 학교 상황에 적용한 것으로 가장 적절한 것은?

① 학교장은 구성원들의 동기를 파악하여, 내재적 동기를 적극적으로 유발한다.

② 학교장은 학교조직을 개발체제로 파악하고, 학교 문제해결을 위해 학부모들의 요구를 적극 반영한다.

③ 교사들 간의 적절한 갈등은 학교의 발전에 도움이 된다고 보고, 학교장은 적절한 갈등 자극 전략을 사용한다.

④ 교사는 교수자로서 학생을 가르치는 데 전념하고, 학교장은 관리자로서 학교행정을 책임지는 일에 집중한다.

18 학교장의 변혁적 지도성 행동으로 볼 수 없는 것은?

① 학교구성원이 혁신적이고 창의적으로 사고하고 행동하도록 유도한다.

② 높은 기준의 도덕적 행위를 보여 줌으로써 학교구성원의 신뢰를 얻는다.

③ 학교구성원이 원하는 보상을 제공하고 그 대가로 주어진 과업을 달성하도록 한다.

④ 학교구성원과 더불어 학교의 비전을 설정하고 공유하여 학교의 변화를 도모한다.

19 교육공무원의 징계 효력에 대한 설명으로 옳은 것은?

① 정직된 자는 직무에는 종사하지만 3개월간 보수를 받지 못한다.

② 견책된 자는 직무에는 종사하지만 6개월간 승진과 승급이 제한된다.

③ 해임된 자는 공무원 신분은 보유하나 3개월간 직무에 종사할 수 없다.

④ 파면된 자는 공무원 관계로부터 배제되고 1년간 공무원으로 임용될 수 없다.

20 「초·중등교육법」에 근거할 때, 학교회계에 대한 설명으로 옳은 것은?

① 단위 학교 행정실장이 학교회계 세입세출예산안을 편성한다.

② 학교회계 세입세출예산안은 학교운영위원회의 심의를 거쳐야 한다.

③ 학교회계의 회계연도는 매년 1월 1일에 시작하여 12월 말일에 종료된다.

④ 학교발전기금으로부터 받은 전입금은 학교회계의 세입으로 할 수 없다.

☞ 정답 및 해설 P.7

1 구성주의 학습이론에 기반한 교사의 교수기술로 적절하지 않은 것은?

① 지식을 효과적으로 전달하기 위해 구조화된 문제와 반복학습을 강조한다.

② 학생 스스로 사고과정을 통해 문제를 해결하도록 촉진한다.

③ 협동학습을 통해 학생이 생각을 능동적으로 발전시키도록 돕는다.

④ 실제 환경에서 직면하게 되는 문제를 학습과제로 제시하여 학습한 내용과 실제 세계를 연결하도록 한다.

2 다음에서 설명하는 개념은?

> • 학습자에게 교수학습 내용을 전달하는 모든 수단이나 방법을 총칭한다.
> • 교수학습을 위해 사용하는 시청각 기자재와 수업자료를 총칭한다.

① 교수매체

② 시청각매체

③ 실물매체

④ 디지털매체

3 피아제(J. Piaget)는 인지발달이론에서 "인간은 적응을 위해 새로운 경험과 도식을 서로 조정한다"라고 하였다. 다음의 예와 피아제가 제시한 적응의 유형이 옳게 짝지어진 것은?

> ㈎ 다른 나라를 방문할 때 그 나라의 문화와 음식, 언어에 빠르게 순응하려고 노력하는 것
> ㈏ 아빠는 양복을 입은 사람이라는 생각을 가진 유아가 양복을 입은 사람을 모두 '아빠'라고 부르는 것

	㈎	㈏
①	탈중심화	중심화
②	조절	동화
③	중심화	탈중심화
④	동화	조절

4 교육사상가들에 대한 설명으로 옳지 않은 것은?

① 파크허스트(H. Parkhurst)는 달톤플랜(Dalton plan)에서 학생과 교사가 계약을 맺는 계약학습을 제시하였다.

② 아들러(M. J. Adler)는 파이데이아 제안서(Paideia proposal)에서 학생들이 동일한 교육목표를 가지는 교육과정을 주장하였다.

③ 허친스(R. M. Hutchins)는 듀이(J. Dewey)와 함께 진보주의교육협회를 설립하고 진보주의 교육운동을 전개하였다.

④ 킬패트릭(W. H. Kilpatrick)은 학생이 자신의 학습을 계획하고 활동을 수행하는 프로젝트 학습법(project method)을 제시하였다.

5 교실생활의 군집성, 상찬, 권력구조 등이 학생들의 행동과 학습결과에 미치는 영향을 설명하면서, 잠재적 교육과정의 개념을 제시한 인물은?

① 잭슨(P. Jackson)

② 보빗(F. Bobbitt)

③ 프레리(P. Freire)

④ 위긴스(G. Wiggins)

6 「초 · 중등교육법」상 우리나라 국 · 공립 초등학교 · 중학교 · 고등학교 및 특수학교의 학교회계제도에 대한 설명으로 옳지 않은 것은?

① 학교회계의 회계연도는 매년 3월 1일에 시작하여 다음 해 2월 말일에 끝난다.

② 학교운영위원회 심의를 거쳐 학부모가 부담하는 경비는 학교회계의 세입으로 한다.

③ 학교의 장은 회계연도마다 학교회계 세입세출예산안을 편성하여 학교운영위원회에 제출하여야 한다.

④ 지방자치단체의 교육비특별회계의 전입금은 학교회계의 세입 항목이 아니다.

7 로저스(C. Rogers)의 인간중심 상담이론에 대한 설명으로 적절하지 않은 것은?

① 인간에게는 선천적으로 자아실현의 경향이 있다고 본다.

② 내면의 경험을 자각하고 수용할 수 있도록 하기 위해 지금−여기보다 과거에 더 주목한다.

③ 상담자가 갖추어야 할 중요한 태도로 진솔성, 무조건적 긍정적 존중, 공감적 이해를 제안하였다.

④ 외적으로 부여된 가치의 조건화가 주관적인 경험을 왜곡하고 부정할 때 문제가 발생한다고 본다.

8 지방교육자치에 관한 법령상 교육감에 대한 설명으로 옳은 것만을 모두 고른 것은?

⊙ 교육규칙의 제정에 관한 사항은 교육감의 관장사무에 해당한다.
ⓛ 주민은 교육감을 소환할 권리를 가진다.
ⓒ 시 · 도의회에 제출할 교육 · 학예에 관한 조례안과 관련하여 심의 · 의결할 권한을 가진다.
ⓔ 교육감의 임기는 4년으로 하며, 교육감의 계속 재임은 3기에 한한다.

① ㉠, ㉡

② ㉢, ㉣

③ ㉠, ㉡, ㉣

④ ㉠, ㉡, ㉢, ㉣

9 스키너(B. F. Skinner)의 행동주의 학습과 반두라(A. Bandura)의 사회인지학습의 공통점에 해당하지 않는 것은?

① 강화와 처벌의 개념을 받아들인다.

② 학습의 요인으로 경험의 중요성을 인정한다.

③ 신념과 기대가 행동의 변화를 가져온다고 본다.

④ 행동을 촉진하기 위해서는 피드백이 중요하다고 본다.

10 우리나라 의무교육제도에 대한 설명으로 옳지 않은 것은?

① 지방자치단체는 국립 또는 사립의 초등학교·중학교 또는 특수학교에 일부 의무교육대상자에 대한 교육을 위탁할 수 있다.

② 지방자치단체로부터 의무교육대상자의 교육을 위탁받은 사립학교의 설립자·경영자는 의무교육을 받는 사람으로부터 수업료와 학교운영지원비를 받을 수 있다.

③ 모든 국민은 그 보호하는 자녀에게 6년의 초등교육과 3년의 중등교육을 받게 할 의무를 진다.

④ 취학아동명부의 작성을 담당하는 읍·면·동의 장은 입학연기신청서를 제출받은 경우 입학연기대상자를 취학아동명부에서 제외하고, 입학연기대상자 명단을 교육장에게 통보하여야 한다.

11 다음의 내용을 모두 포함하는 교육과정개발 이론은?

> • 강령을 표방하고, 해당 강령을 지지하는 자료를 검토하는 강령(platform) 단계
> • 다양한 대안을 검토하고 이를 토대로 적절한 대안을 도출하는 숙의(deliberation) 단계
> • 선택한 대안을 구체적 프로그램으로 만드는 설계(design) 단계

① 타일러(R. Tyler)의 이론

② 아이스너(E. Eisner)의 이론

③ 타바(H. Taba)의 이론

④ 워커(D. Walker)의 이론

12 다음 설명에 해당하는 저서는?

- 체계적 한자 학습을 위하여 엮은 교육용 교재로서 천자문의 결점을 극복하기 위하여 만들어졌다.
- 상하 각각 1,000자를 수록하여 2,000자로 구성이 되었다.
- 상권에는 유형적 개념에 해당하는 한자를 담았고, 하권에는 계절, 기구, 방위 등의 무형적 개념에 해당하는 한자를 담았다.

① 「아학편(兒學編)」
② 「성학집요(聖學輯要)」
③ 「격몽요결(擊蒙要訣)」
④ 「학교모범(學校模範)」

13 다음에서 설명하는 개념은?

- 학생의 인지발달을 위해서 교사가 찾아야 하는 것
- 학습자가 주위의 도움을 받아서 문제를 해결할 수 있는 범위
- 학습자의 실제적 발달 수준과 잠재적 발달 수준 간의 차이

① 비계(scaffolding)
② 근접발달영역(ZPD)
③ 내면화(internalization)
④ 메타인지(metacognition)

14 우리나라 평생교육제도에 대한 설명으로 옳지 않은 것은?

① 국가무형문화재의 보유자로 인정된 사람과 그 전수교육을 받은 사람으로서 대통령령으로 정하는 사람은 그에 상당하는 학점을 인정받을 수 있다.
② 헌법은 "국가가 평생교육을 진흥하여야 한다"라고 규정하고 있다.
③ 평생교육사는 평생교육의 기획 · 진행 · 분석 · 평가 및 교수업무를 수행한다.
④ 대표적인 평생교육제도인 독학학위제, 학점은행제, 평생학습계좌제, 내일배움카드제는 국가평생교육진흥원에서 운영하고 있다.

15 「교육기본법」에 명시된 교원에 관한 규정이 아닌 것은?

① 교원은 법률로 정하는 바에 따라 다른 공직에 취임할 수 있다.

② 교원은 특정한 정당이나 정파를 지지하거나 반대하기 위하여 학생을 지도하거나 선동하여서는 아니 된다.

③ 교사는 전문성을 바탕으로 학생을 교육한다.

④ 교원은 교원의 경제적·사회적 지위를 향상시키기 위하여 각 지방자치단체와 중앙에 교원단체를 조직할 수 있다.

16 학교교육에 대한 다음 주장과 가장 거리가 먼 것은?

- 학교는 지배집단의 '문화자본'을 재창조하고 정당화하는 역할을 수행한다.
- 학습결과인 성적도 학생이 속해 있는 계급의 영향에서 벗어나지 못한다.
- 경제구조가 학교교육을 일방적으로 결정한다고 비판한다.

① 부르디외(P. Bourdieu)

② 구조기능주의

③ 재생산이론

④ 보울스(S. Bowls)와 진티스(H. Gintis)

17 교육 평등에 관한 관점 중 교육결과의 평등을 위한 정책에 해당하는 것은?

① 취학을 가로막는 경제적, 지리적, 사회적 제반 장애를 제거해 주는 취학 보장 대책

② 저소득층의 취학 전 어린이들을 위한 보상교육(compensatory education)

③ 한국의 고교평준화 정책

④ 초·중등교육의 의무무상화

18 서양교육사에서 나타난 사실로 옳은 것은?

① 고대 그리스의 스파르타에서는 신체와 영혼의 균형을 교육의 목적으로 추구하여 교육과정에서 읽기, 쓰기, 문학, 철학의 비중이 컸다.

② 고대 로마시대에는 초기부터 공립학교 중심의 공교육체제가 확립되어 유행하였다.

③ 17세기 감각적 실학주의는 감각을 통한 지각, 관찰학습, 실물학습을 중시하였다.

④ 산업혁명기 벨(A. Bell)과 랭커스터(J. Lancaster)의 조교법(monitorial system)은 소규모 토론식 수업방법이었다.

19 표준화 검사 도구를 활용할 때 유의할 점으로 적절하지 않은 것은?

① 검사 실시 목적에 적합한 내용의 검사를 선택한다.

② 검사의 타당도, 신뢰도, 객관도, 실용도를 고려하여 검사를 선택한다.

③ 상황에 맞춰 검사의 실시 · 채점 · 결과의 해석을 융통성 있게 변경한다.

④ 검사를 사용하는 사람이 검사에 대한 객관적인 식견이 있어야 한다.

20 2015 개정 국가교육과정에 대한 설명으로 옳지 않은 것은?

① 추구하는 인간상을 구현하기 위한 핵심역량으로 자기관리, 지식정보처리, 창의적 사고, 심미적 감성, 의사소통, 공동체 역량을 제시하였다.

② 고등학교 공통과목으로 통합사회와 통합과학을 신설하였다.

③ 초등학교에 '안전한 생활'을 신설하였다.

④ 초등학교 1~2학년의 학습부담을 줄이기 위하여 총수업시간 수를 감축하였다.

1 다음 내용에 가장 부합하는 것은?

> • 교육은 학습자와 교육내용을 모두 고려해야 한다.
> • 교육내용의 내재적 가치는 선험적으로 정당화된다.
> • 교육은 합리적인 사고와 지적 안목을 도덕적인 방식으로 전달하는 과정이다.
> • 교육은 인류의 문화유산이라는 공적(公的) 전통으로 학생을 안내하는 과정이다.

① 주입(注入)으로서의 교육

② 주형(鑄型)으로서의 교육

③ 성년식(成年式)으로서의 교육

④ 행동수정(行動修正)으로서의 교육

2 조선시대 교육기관인 서원(書院)에 대한 설명으로 옳지 않은 것은?

① 관학(官學)인 향교(鄕校)와 대비되는 사학(私學)이다.

② 퇴계 이황은 서원의 교육목적을 위인지학(爲人之學)에 두었다.

③ 원규(院規) 혹은 학규(學規)라고 불리는 자체의 규약을 갖추고 있었다.

④ 교육의 기능뿐만 아니라 선현(先賢)을 숭상하고 그의 학덕을 기리는 제사의 기능도 겸하였다.

3 다음 내용과 관련이 있는 교육철학은?

> • 프랑크푸르트 학파의 이론적 성과를 수용하였다.
> • 교육 현상에 대해 규범적, 평가적, 실천적으로 접근하였다.
> • 자본주의 사회의 불평등 문제와 교육의 관련성에 주목하였다.
> • 인간의 의식과 지식이 사회, 정치, 경제에 의해 결정되는 것으로 보았다.

① 비판적 교육철학   ② 분석적 교육철학

③ 홀리스틱 교육철학   ④ 프래그머티즘 교육철학

4 16세기 서양의 인문주의 교육사상에 대한 설명으로 옳은 것은?

① 고대 그리스 · 로마의 자유교육의 이상을 계승하였다.

② 자연이나 실재하는 사물을 매개로 하는 실물교육을 도입하였다.

③ 민족적으로 각성된 관점에서 공동체 의식을 기르는 데 주력하였다.

④ 고등교육이 아닌 초등교육 수준에서 구체적인 교육방안을 제안하였다.

5 다음 내용과 관련이 있는 교육사상가는?

> 교사는 학생에게 정답을 미리 알려주지 않고 학생이 알고 있는 것이 참인지 거짓인지를 판단하면서 학생 스스로 진리의 세계로 들어갈 수 있도록 돕는 역할을 한다. 이를 위해 교사는 반어적인 질문을 학생에게 던짐으로써 학생 자신이 무지를 깨닫게 한다. 지적(知的)인 혼란에 빠진 학생은 교사와의 끊임없는 대화를 통해 진리를 성찰하게 되면서 점차 참된 지식에 이를 수 있게 된다.

① 아퀴나스(T. Aquinas)   ② 소크라테스(Socrates)

③ 프로타고라스(Protagoras)   ④ 아리스토텔레스(Aristoteles)

6 〈보기〉는 타일러(R. Tyler)의 교육목표 설정 절차에 대한 것이다. 그 순서가 올바른 것은?

> 〈보기〉
> ㉠ 잠정적인 교육목표를 진술한다.
> ㉡ 교육철학과 학습심리학이라는 체에 거른다.
> ㉢ 학습자, 사회, 교과의 세 자원을 조사·연구한다.
> ㉣ 행동의 변화를 명시한 최종 교육목표를 진술한다.

① ㉠→㉡→㉢→㉣   ② ㉠→㉢→㉡→㉣

③ ㉢→㉠→㉡→㉣   ④ ㉢→㉡→㉠→㉣

7 (가)~(다)에 해당하는 교육과정의 개념을 바르게 짝지은 것은?

> (가) 교육적 가치가 있는 내용임에도 불구하고 학교교육과정에서 배제하여 가르치지 않았다.
> (나) 국가 교육과정과 시·도 교육청 교육과정 편성·운영 지침에 의거해 학교교육과정을 편성하였다.
> (다) 학교교육과정에서 계획하거나 의도하지 않았지만, 교육과정이 전개되는 동안 학생들은 바람직하지 못한 가치와 태도도 은연중에 배우게 되었다.

	(가)	(나)	(다)
①	잠재적 교육과정	공식적 교육과정	영 교육과정
②	잠재적 교육과정	영 교육과정	공식적 교육과정
③	영 교육과정	잠재적 교육과정	공식적 교육과정
④	영 교육과정	공식적 교육과정	잠재적 교육과정

8 다음 내용에 가장 부합하는 교수·학습 방법은?

> - 거꾸로 학습이나 거꾸로 교실로 알려져 있다.
> - 학습할 내용을 수업 이전에 온라인으로 미리 공부한다.
> - 일종의 블렌디드 러닝(blended learning)으로서 학습의 효과를 높이기 위한 전략이다.
> - 학교 수업에서 학습자는 질문, 토론, 모둠활동과 같은 형태로 수업에 적극적으로 참여한다.

① 플립드 러닝(flipped learning)

② 문제중심학습(problem-based learning)

③ 자원기반학습(resource-based learning)

④ 교사주도학습(teacher-directed learning)

9 다음 내용에 해당하는 가네(R. Gagné)의 학습 성과(learning outcomes) 영역은?

> - 방법적 지식 혹은 절차적 지식에 해당한다.
> - 여러 가지 기호나 상징을 규칙에 따라 활용하는 것을 말한다.
> - 변별학습, 구체적 개념학습, 정의된 개념학습, 원리학습, 고차원리학습으로 세분되며, 이들은 위계적 관계에 있다.

① 언어정보   ② 운동기능

③ 인지전략   ④ 지적기능

10 아동의 혼잣말(private speech)에 대한 비고츠키(L. Vygotsky)의 견해로 옳지 않은 것은?

① 자기중심적 언어로서 미성숙한 사고를 보여준다.

② 자신의 사고과정과 행동을 스스로 조절하고 주도한다.

③ 연령이 증가함에 따라 점차 줄어들면서 내적 언어로 바뀐다.

④ 쉬운 과제보다 어려운 과제를 해결할 때 더 많이 사용한다.

11 프로이트(S. Freud)의 정신분석학적 상담이론에 대한 설명으로 옳지 않은 것은?

① 내담자는 합리적으로 불안을 조절할 수 없을 때 자아방어기제에 의존한다.

② 상담자는 내담자의 불안을 초래한 행동자극을 분석하고 체계적 둔감법을 활용한다.

③ 상담자는 내담자의 저항과 전이 감정을 분석하여 무의식적 갈등을 해결하도록 돕는다.

④ 내담자의 행동은 무의식 속에 억압된 과거의 경험과 심리성적인 에너지에 의해서결정된다.

12 다음 내용에 가장 부합하는 교육평가 유형은?

> • 교과내용 및 평가 전문가각 제작한 검사를 주로 사용한다.
> • 서열화, 자격증 부여, 프로그램 시행 여부 결정의 목적을 위해 시행한다.
> • 교수 · 학습이 완료된 시점에서 교육목표의 달성 정도를 종합적으로 판정한다.

① 총괄평가(summative evaluation)

② 형성평가(formative evaluation)

③ 능력참조평가(ability-referenced evaluation)

④ 성장참조평가(growth-referenced evaluation)

13 검사도구의 타당도에 대한 옳은 설명을 〈보기〉에서 고른 것은?

> 〈보기〉
> ㉠ 검사점수가 사용 목적에 얼마나 부합하는가를 의미한다.
> ㉡ 검사대상을 얼마나 정확하게 무선오차(random error) 없이 측정하는지를 의미한다.
> ㉢ 동일한 검사에 대한 채점자들 간 채점 결과의 일치 정도를 의미한다.
> ㉣ 측정하고자 하는 특성을 검사점수가 얼마나 잘 나타내 주는지를 의미한다.

① ㉠, ㉢

② ㉠, ㉣

③ ㉡, ㉢

④ ㉡, ㉣

14 다음은 정보처리이론에서 부호화(encoding)를 촉진하기 위한 전략을 설명한 것이다. ㈎~㈐에 해당하는 전략을 바르게 짝지은 것은?

㈎ 개별적 정보를 범주나 유형으로 묶는다. 도표나 그래프, 위계도를 작성하는 것이 그 예이다.

㈏ 정보를 시각적인 형태인 그림으로 저장한다. 자동차를 언어적 서술 대신에 그림으로 기억하는 것이 그 예이다.

㈐ 새로운 정보를 기존의 지식과 관련짓는다. 학습한 정보를 자신의 말로 바꾸어 보거나 또래에게 설명해 보는 것이 그 예이다.

	㈎	㈏	㈐
①	정교화	심상	조직화
②	정교화	조직화	심상
③	조직화	정교화	심상
④	조직화	심상	정교화

15 보상적(補償的) 교육평등관에 해당하는 내용을 〈보기〉에서 고른 것은?

〈보기〉

㉠ 성별이나 인종의 차별 없이 교육에 접근할 수 있는 기회를 부여한다.

㉡ 교육복지우선지원사업으로 사회적 취약 계층의 교육결과를 제고한다.

㉢ 대학 입시에서 농어촌지역 학생들을 배려하기 위한 특별전형을 실시한다.

㉣ 학교의 시설 및 여건, 교사의 전문성, 교육과정에서 학교 간 차이를 줄인다.

---

① ㉠, ㉢

② ㉠, ㉣

③ ㉡, ㉢

④ ㉡, ㉣

16 학교교육의 측면에서, 콜만(J. Coleman)의 사회 자본에 대한 설명으로 가장 적절한 것은?

① 학교에서 배운 지식과 기술에 따라 개인의 노동력에 차이가 발생한다.

② 학교교육과 경제생산체제 간의 상응관계를 통해 학교가 자본주의 경제구조를 재생산한다.

③ 교사, 학생, 학부모 간의 친밀한 관계 형성은 학생의 학업성취도에 긍정적인 영향을 미친다.

④ 학교가 특정 계층의 문화를 보편적 가치로 가르치기 때문에 학업에서 상위 계층의 자녀가 유리하다.

17 다음 내용과 관련이 있는 학자는?

• 문해교육에서는 성인 각자의 삶이 반영된 일상 용어를 활용해야 효과적이다.
• 진정한 교육은 학습자가 탐구(inquiry)와 의식적 실천(praxis) 활동을 하는 것이다.
• 교육은 주어진 지식을 전달하는 은행저금식이 아니라 문제제기식으로 이루어져야 한다.

---

① 일리치(I. Illich)　　　　　　　② 프레이리(P. Freire)

③ 노울즈(M. Knowles)　　　　　④ 메지로우(J. Mezirow)

18 현행 교육공무원법에 규정된 용어의 정의로 옳지 않은 것은?

① 직위란 1명의 교육공무원에게 부여할 수 있는 직무와 책임을 말한다.

② 전직이란 교육공무원의 종류와 자격을 달리하여 임용하는 것을 말한다.

③ 강임이란 교육공무원의 직렬을 달리하여 하위 직위에 임용하는 것을 말한다.

④ 전보란 교육공무원을 같은 직위 및 자격에서 근무 기관이나 부서를 달리하여 임용하는 것을 말한다.

19 다음 내용에 해당하는 교육행정의 원리는?

- 이 원리를 지나치게 강조하면 교육행정의 전문성이 경시될 수 있다.
- 이 원리로 공무원의 부당한 직무수행과 행정 재량권의 남용을 방지할 수 있다.
- 이 원리에 따라 교육공무원으로서의 신분을 보장받아서 업무를 소신 있게 수행할 수 있다.

① 수월성   ② 능률성
③ 효과성   ④ 합법성

20 국·공립학교의 학교운영위원회에 대한 옳은 설명만을 〈보기〉에서 있는 대로 고른 것은?

〈보기〉
㉠ 학칙의 제정 또는 개정 사항을 심의한다.
㉡ 학교운동부의 구성·운영 사항을 심의한다.
㉢ 학부모위원은 교직원전체회의에서 선출한다.
㉣ 학교의 장은 운영위원회의 당연직 교원위원이다.

① ㉠, ㉢   ② ㉠, ㉡, ㉣
③ ㉡, ㉢, ㉣   ④ ㉠, ㉡, ㉢, ㉣

1 다음은 뒤르껭(E. Durkheim) 저술의 일부이다. ㉠~㉢에 해당하지 않는 것은?

> "교육은 아직 사회생활에 준비를 갖추지 못한 어린 세대들에 대한 성인 세대들의 영향력 행사이다. 그 목적은 전체 사회로서의 정치 사회와 그가 종사해야 할 특수 환경의 양편에서 요구하는 (㉠), (㉡), (㉢) 제 특성을 아동에게 육성 계발하게 하는 데 있다."

① 지적

② 예술적

③ 도덕적

④ 신체적

2 정신분석 상담과 행동주의 상담의 공통점에 해당하는 것은?

① 상담과정에서 과거 경험보다 미래 경험을 중시한다.

② 상담기법보다는 상담자의 인간적 자질과 진솔한 태도를 중시한다.

③ 인간의 행동을 인과적 관계로 해석하는 결정론적 관점을 가진다.

④ 비합리적 신념을 인식하고 수정하는 논박 과정을 중시한다.

3 특수 학습자 유형을 바르게 설명한 것은?

① 학습부진(under achiever) - 정서적 혼란과 같은 의미로 사용되며 개인적 불만, 사회적 갈등, 학교 성적 부진이 지속적으로 나타난다.

② 학습장애(learning disabilities) - 지능 수준이 낮지 않으면서도 말하기, 쓰기, 읽기, 셈하기 등 특정 학습에서 장애를 보인다.

③ 행동장애(behavior disorders) - 지적 수준이 심각할 정도로 낮고, 동시에 적응적 행동의 결함을 보인다.

④ 정신지체(mental retardation) - 선수학습 결손으로 인해 자신의 지적능력에 비해서 최저 수준에 미달하는 학업 성취를 보인다.

4 렝그랑(P. Lengrand)의 평생교육에 대한 견해와 가장 거리가 먼 것은?

① 학교교육과 학교 외 교육의 시간적·공간적 분리를 강조한다.

② 개인에게 사회의 발전에 충분히 참여할 수 있게 하는 교육이다.

③ 평생을 통해 개인이 가진 다방면의 소질을 계속적으로 발전시키는 교육이다.

④ 급속한 사회변화와 인구증가, 과학기술의 발달, 생활양식과 인간관계의 균형상실 등이 그 필요성을 증가시킨 배경이다.

5 다음은 지능 원점수 4개를 서로 다른 척도로 나타낸 것이다. 지능 원점수가 가장 낮은 것은? (단, 지능 원점수는 정규분포를 따른다)

① Z점수 1.5

② 백분위 90

③ T점수 60

④ 스테나인 2등급

6 에릭슨(E. Erikson)의 심리사회적 발달단계에 대한 설명으로 옳은 것만을 모두 고른 것은?

> ㉠ 인생 주기 단계에서 심리사회적 위기가 우세하게 출현하는 최적의 시기는 개인에 따라 차이가 있지만, 그것이 출현하는 순서는 불변한다고 가정한다.
> ㉡ 현 단계에서는 직전 단계에서 실패한 과업을 해결할 수 없다고 본다.
> ㉢ 청소년기에는 이전 단계에서의 발달적 위기가 반복하여 나타난다고 본다.

① ㉠

② ㉡

③ ㉠, ㉢

④ ㉠, ㉡, ㉢

7 베버(M. Weber)의 관료제 특성과 순기능 및 역기능을 연결한 것으로 옳지 않은 것은?

관료제 특성	순기능	역기능
① 분업과 전문화	전문성	권태
② 몰인정성	합리성	사기저하
③ 규정과 규칙	계속성과 통일성	경직성, 본말전도
④ 경력지향성	유인체제	의사소통 저해

8 학교운영위원회에 대한 설명으로 옳지 않은 것은?

① 위원 수는 5명 이상 20명 이하의 범위에서 학교의 규모 등을 고려하여 교육부령으로 정한다.

② 국립·공립 학교의 경우 학교의 예산안과 결산, 학교교육과정의 운영방법, 학교급식 등을 심의한다.

③ 국립·공립 학교의 경우 「교육공무원법」 제29조의3 제8항에 따른 공모 교장의 공모 방법, 임용, 평가 등을 심의한다.

④ 학교운영의 자율성을 높이고 지역의 실정과 특성에 맞는 다양하고도 창의적인 교육을 할 수 있도록 하는 데 그 목적이 있다.

9 자유학기제에 대한 설명으로 옳은 것은?

① 자유학기제 기간에는 중간고사, 기말고사, 수행평가 등의 평가를 실시할 수 없다.

② 2013년도에 연구학교에서 시작되었고, 2015년도부터 모든 중학교에서 시행되었다.

③ 자유학기 활동으로는 진로탐색 활동, 주제선택 활동, 예술·체육 활동, 동아리 활동이 있다.

④ 중학교의 장은 해당 학교 교원 및 학부모의 의견을 수렴하여 자유학기제의 실시 여부를 결정할 수 있다.

10 지방교육재정교부금제도에 대한 설명으로 옳지 않은 것은?

① 기준재정수입액은 교육·학예에 관한 지방자치단체 교육비특별회계의 수입예상액으로 한다.

② 기준재정수입액을 산정하기 위한 각 측정단위의 단위당 금액을 단위비용이라 한다.

③ 교육부장관은 기준재정수입액이 기준재정수요액에 미치지 못하는 지방자치단체에 대해서는 그 부족한 금액을 기준으로 하여 보통교부금을 총액으로 교부한다.

④ 특별교부금은 지방교육행정 및 지방교육재정의 운용실적이 우수한 지방자치단체에 재정지원이 필요할 때 교부한다.

11 17세기 서양의 실학주의 철학 사조에서 강조하는 교육의 특징으로 옳지 않은 것은?

① 인문적 실학주의 – 고전연구를 통해 현실생활에 잘 적응하는 유능한 인간 양성을 강조하였다.

② 사회적 실학주의 – 여행과 같은 경험중심 교육을 통하여 사회적 조화와 신사 양성을 교육목적으로 강조하였다.

③ 감각적 실학주의 – 감각적 경험을 통하여 생활의 지식을 습득하며, 이해와 판단을 중시하는 교육방법을 강조하였다.

④ 인문적 실학주의 – 고전중심의 교과를 토의와 설명에 의해 개별적으로 교육하는 것을 강조하였다.

12 다음은 자녀의 학업성취 향상에 도움을 줄 수 있는 부모활동이다. 이 활동에 해당하는 자본의 명칭은?

> • 부모가 이웃에 사는 친구 부모들과 자녀교육, 학습 보조 방법, 학습 분위기 조성에 관하여 대화하였다.
> • 부모가 자신의 자녀가 다니는 학교의 학부모회에 참석하고 학생지도에 협력하였다.

① 재정자본(financial capital)

② 인간자본(human capital)

③ 문화자본(cultural capital)

④ 사회자본(social capital)

13 (가)와 (나)에 해당하는 교육과정 유형을 바르게 짝지은 것은?

> (가) 교사가 계획하거나 의식하지 않았음에도 불구하고 학생들의 지식·태도·행동에 영향을 미치는 '교육실천과 환경' 및 '그 결과'를 의미한다.
> (나) 가르칠 만한 가치가 있음에도 불구하고, 공식적 교육과정이나 수업에서 빠져 있는 교육내용이다.

	(가)	(나)
①	실제적 교육과정	영 교육과정
②	잠재적 교육과정	영 교육과정
③	영 교육과정	실제적 교육과정
④	영 교육과정	잠재적 교육과정

14 다음은 켈러(J. Keller)의 ARCS 이론에 기초하여 동기 유발·유지를 위해 수립한 교수학습 전략들이다. ㈎~㈑에 해당하는 ARCS 요소를 바르게 짝지은 것은?

> ㈎ 비일상적인 내용이나 사건을 제시함으로써 학습자의 흥미를 유발한다.
> ㈏ 쉬운 것에서부터 어려운 것 순으로 과제를 제시해 준다.
> ㈐ 친밀한 예문이나 배경지식, 실용성에 중점을 둔 목표를 제시한다.
> ㈑ 적절한 강화계획을 세워, 의미 있는 강화나 보상을 제공한다.

	㈎	㈏	㈐	㈑
①	주의집중	관련성	만족감	자신감
②	자신감	주의집중	관련성	만족감
③	만족감	관련성	주의집중	자신감
④	주의집중	자신감	관련성	만족감

15 다음 설명에 해당하는 가네(R. Gagné)의 학습 결과 유형은?

> • 학습자가 그의 주위 환경을 개념화하여 반응하는 능력을 말한다.
> • 지식이나 정보의 내용(what)을 아는 것이 아니라, 그 방법(how)을 아는 것으로 정의한다.
> • 복잡성 수준에 따라 가장 단순한 것에서부터 변별, 개념, 규칙, 문제해결 등의 형태로 이루어져 있다.

① 지적기능   ② 인지전략

③ 언어정보   ④ 운동기능

16 새로운 교육의 방향을 제시하기 위해 고종이 갑오개혁 시기에 반포한 「교육입국조서」의 내용으로 옳은 것만을 모두 고른 것은?

> ㉠ 초등단계의 의무교육을 시행할 것임을 선언하였다.
> ㉡ 유교식 교육기관인 성균관을 근대식 대학으로 전환할 것을 천명하였다.
> ㉢ 교육의 3대 강령으로 덕양(德養), 체양(體養), 지양(智養)을 제시하였다.
> ㉣ 과거의 허명(虛名)교육을 버리고 실용(實用)교육을 중시할 것임을 밝혔다.

① ㉠, ㉡

② ㉠, ㉣

③ ㉡, ㉢

④ ㉢, ㉣

17 장학의 유형에 대한 설명으로 옳지 않은 것은?

① 임상장학 – 학급 내에서 수업의 질을 개선하기 위한 것으로, 교사와 학생 사이에서 이루어지는 상호작용에 초점을 둔다.

② 약식장학 – 평상시에 교장 및 교감의 계획과 주도하에 이루어지는 것으로, 다른 장학형태의 보완적인 성격을 지닌다.

③ 동료장학 – 수업전략을 개발하기 위한 것으로, 교사 간에 상호협력하는 장학형태이다.

④ 요청장학 – 교내 자율장학으로, 사전 예방차원에서 전문적이고 집중적인 지원이 필요한 경우 이루어지는 장학형태이다.

18 문항들 간의 동질성을 평가하기 위한 지수로 부적합한 것은?

① Cronbach's α 계수

② Kuder-Richardson 20

③ Kuder-Richardson 21

④ Kappa 계수

19 독학학위제에 대한 설명으로 옳은 것만을 모두 고른 것은?

> ㉠ 교양과정, 전공기초과정, 전공심화과정 등의 3개 인정시험을 통과하면, 학사학위를 수여하는 제도이다.
> ㉡ 학점은행제로 취득한 학점은 일정 조건을 갖추게 되면, 독학학위제의 시험 응시자격에 활용될 수 있다.
> ㉢ 특성화고등학교를 졸업한 사람은 독학학위제에 응시할 수 없다.
> ㉣ 교육부장관은 독학학위제의 시험 실시 권한을 평생교육진흥원장에게 위탁하고 있다.

① ㉠, ㉢　　　　　　　　　　　② ㉠, ㉣
③ ㉡, ㉢　　　　　　　　　　　④ ㉡, ㉣

20 피터스(R. Peters)는 교육의 개념을 3가지 준거로 구분하였다. 그 중 규범적 준거(normative criterion)에 근거한 교육의 개념으로 옳은 것만을 모두 고른 것은?

> ㉠ '무엇인가 가치 있는 것'을 추구하는 활동이다.
> ㉡ 학습자의 의식과 자발성을 전제하는 것이다.
> ㉢ 지식, 이해, 인지적 안목을 길러주는 것이다.

① ㉠　　　　　　　　　　　　② ㉢
③ ㉡, ㉢　　　　　　　　　　　④ ㉠, ㉡, ㉢

☞ 정답 및 해설 P.14

1 다음 내용과 가장 관련이 깊은 것은?

> • 핵심 주제는 정의, 즉 올바른 삶이다.
> • 올바른 삶을 위해 가장 중요한 것은 이성의 덕인 지혜를 갖추는 것이다.
> • 초기교육은 음악과 체육을 중심으로 하고, 후기 교육은 철학 또는 변증법을 강조한다.

① 플라톤(Platon)의 『국가론』

② 루소(J. J. Rousseau)의 『에밀』

③ 듀이(J. Dewey)의 『민주주의와 교육』

④ 피터스(R. S. Peters)의 『윤리학과 교육』

2 다음은 학교장이 학부모 연수에서 강조한 내용이다. 이에 가장 부합하는 교육철학은?

> 우리 학교는 지금까지 지식 교육에 매진해 온 결과, 학업성취도에서는 우수한 성과를 거두었습니다.
> 하지만 학생들은 그다지 행복하지 않은 것 같고, 왜 교과 지식을 배우는지도 모르는 것 같습니다. 그
> 래서 저는 앞으로 교과보다는 학생에 관심을 기울이고, 교사와 학생의 인격적 만남을 중시하며, 교과
> 지식도 학생 개개인의 삶에 의미 있는 것이 되도록 하는 학교를 만들어 가겠습니다.

① 분석적 교육철학   ② 항존주의 교육철학

③ 본질주의 교육철학   ④ 실존주의 교육철학

3 서양의 감각적 실학주의(Sensual Realism)에 관한 설명으로 가장 적절한 것은?

① 인문주의 교육을 비판한 몽테뉴(Montaigne)가 대표적인 사상가이다.

② 고전을 중시하지만, 고전을 가르치는 목적이 현실 생활을 이해하는 데 있다.

③ 세상은 가장 훌륭한 교과서이며, 세상사에 밝은 인간을 기르는 데 교육의 목적이 있다.

④ 자연과학의 지식과 방법론을 활용하여 교육의 현실적 적합성과 실용성을 추구한다.

4 조선시대 성균관의 학령에 대한 설명으로 옳은 것을 〈보기〉에서 고른 것은?

〈보기〉

㉠ 사서오경과 역사서뿐만 아니라 노자와 장자, 불교, 제자백가 관련 서적도 함께 공부하도록 하였다.

㉡ 매월 옷을 세탁하도록 주어지는 휴가일에는 활쏘기와 장기, 바둑, 사냥, 낚시 등의 여가 활동을 허용하였다.

㉢ 유생으로서 재물과 뇌물을 상의하는 자, 주색을 즐겨 말하는 자, 권세에 아부하여 벼슬을 꾀하는 자는 벌하도록 하였다.

㉣ 매년 여러 유생이 함께 의논하여 유생들 중 품행이 탁월하고 재주가 출중하며 시무에 통달한 자 한두 명을 천거하도록 하였다.

① ㉠, ㉡   ② ㉠, ㉣

③ ㉡, ㉢   ④ ㉢, ㉣

5 『평생교육법』상 학습휴가제에 대한 설명으로 옳은 것은?

① 도서비 · 교육비 · 연구비 등 학습비를 지원할 수 있다.

② 공공기관 소속 직원의 경우에는 무급으로만 가능하다.

③ 100인 이상의 사업장에서는 의무적으로 실시해야 한다.

④ 지방자치단체 소속 직원의 경우에는 적용 대상에서 제외한다.

6 다음 내용과 가장 관련이 깊은 학자는?

- 교육과정이란 교육 속에서 개인들이 갖는 경험의 의미와 성질을 탐구하는 것이다.
- 교수(teaching)는 학생들이 자신의 경험을 이해하고 해석하는 학습활동에 적극적으로 임할 수 있도록 안내하고 조력해 가는 과정이다.
- 인간의 내면세계에 보다 가까이 다가가기 위해 학생 자신의 전기적(biographical) 상황에 주목하는 쿠레레(currere) 방법을 제시하였다.

① 보빗(F. Bobbit)
② 파이너(W. Pinar)
③ 타일러(R. W. Tyler)
④ 브루너(J. S. Bruner)

7 20개의 문항으로 구성된 검사 도구를 앞의 10개 문항과 뒤의 10개 문항으로 나누어 반분검사신뢰도(split−half reliability)를 추정하려고 할 때, 이 검사 도구가 갖추어야 할 가장 적절한 조건은?

	문항 간 동질성	평가 유형
①	낮음	속도검사
②	낮음	역량검사
③	높음	속도검사
④	높음	역량검사

8 2015 개정 교육과정(교육부 고시 제2015-74호)에서 신설된 것을 〈보기〉에서 모두 고른 것은?

〈보기〉
㉠ 통합사회
㉡ 통합과학
㉢ 안전한 생활
㉣ 창의적 체험활동
㉤ 우리들은 1학년

① ㉠, ㉡
② ㉠, ㉡, ㉢
③ ㉠, ㉢, ㉣, ㉤
④ ㉡, ㉢, ㉣, ㉤

9 정의적 영역의 평가를 위한 사회성 측정법에 관한 설명으로 옳지 않은 것은?

① 선택 집단의 범위가 명확해야 한다.

② 측정 결과를 개인 및 집단에 적용할 수 있다.

③ 문항 작성 절차가 복잡하고 검사 시간이 길다.

④ 집단 내 개인의 사회적 위치를 알아 낼 수 있다.

10 다음 내용과 가장 관련이 깊은 학습 이론은?

> 굶주린 침팬지가 들어 있는 우리의 높은 곳에 바나나를 매달아 놓았다. 침팬지는 처음에는 이 바나나를 먹으려고 손을 위로 뻗거나 뛰어 오르는 등 시행착오 행동을 보였다. 몇 차례의 시도 후에 막대를 갖고 놀던 침팬지는 마치 무엇을 생각한 듯 행동을 멈추고 잠시 서 있다가 재빠르게 그 막대로 바나나를 쳐서 떨어뜨렸다. 쾰러(W. Köhler)는 이것이 통찰에 의해 전체적 관계를 파악함으로써 학습이 이루어지는 좋은 예라고 주장하였다.

① 구성주의   ② 인간주의

③ 행동주의   ④ 형태주의

11 (가), (나)에 해당하는 생활지도 영역을 바르게 짝지은 것은?

> (가) 생활지도 업무를 담당하는 김 교사는 학기 초에 생활지도 계획을 수립하기 위해 전교생에게 학교 생활 적응검사를 실시하였다.
>
> (나) 취업지도 업무를 담당하는 송 교사는 기업체에 취업한 졸업생들에게 전화를 걸어 직장생활에 잘 적응하고 있는지를 점검하고 격려하였다.

	(가)	(나)
①	조사(調査)활동	정치(定置)활동
②	정보(情報)활동	정치(定置)활동
③	조사(調査)활동	추수(追隨)활동
④	정보(情報)활동	추수(追隨)활동

12 조건형성 원리에 기초한 상담기법을 〈보기〉에서 고른 것은?

〈보기〉

㉠ 상담자는 내담자에게 상담 약속을 이행할 때마다 칭찬 스티커를 주고 그것을 다섯 개 모으면 즐거운 게임을 함께 하였다.

㉡ 상담자는 '두 개의 빈 의자'를 사용하여 대인 갈등 상황에서 내담자가 경험하는 자신의 숨은 욕구와 감정을 자각하도록 촉진하였다.

㉢ 집단상담자는 '타임아웃(time-out)'을 적용하여 집단원이 집단상담 규칙을 어길 때마다 지정된 공간에서 3분간 머물게 하여 참여를 제한하였다.

㉣ 집단상담자는 집단원에게 "기적이 일어나서 각자의 소망이 이루어진다면 여러분의 삶은 어떻게 달라질까요?"라고 질문하여 변화에 대한 욕구를 확인하였다.

① ㉠, ㉡　　　　　　　　　② ㉠, ㉢

③ ㉡, ㉣　　　　　　　　　④ ㉢, ㉣

13 『초·중등교육법』 및 동법 시행령상 학생 징계의 종류 중 징계처분을 받은 학생 또는 그 보호자가 시·도학생징계조정위원회에 재심을 청구할 수 있는 것은?

① 사회봉사　　　　　　　　② 출석정지

③ 퇴학처분　　　　　　　　④ 특별교육이수

14 다음 내용과 가장 관련이 깊은 학습 형태는?

• 무선 환경에서 네트워크에 접속하여 학습한다.

• PDA, 태블릿 PC 등을 활용하여 물리적 공간에서 이동하면서 가상공간을 통하여 학습한다.

• 기기의 4C(Content, Capture, Compute, Communicate) 기능을 활용하여 교수·학습을 촉진할 수 있다.

① 모바일 러닝(m-learning)

② 플립드 러닝(flipped learning)

③ 마이크로 러닝(micro learning)

④ 블렌디드 러닝(blended learning)

15 다음 내용과 가장 관련이 깊은 학자는?

> - 문화 자본에는 예술 작품과 같이 객체화된 것, 학력이나 자격과 같이 제도화된 것, 일종의 행동 성향처럼 습성화된 것이 있다.
> - 지배집단의 자녀들은 자신들이 상속받은 문화 자본을 학교가 제공하는 학벌과 같은 다른 형태의 문화 자본으로 쉽게 전환하여 부모 세대의 사회 경제적 지위를 재획득한다.
> - 능력주의가 지배하는 현대사회에서 부모의 사회 경제적 지위는 문화 재생산을 통해 자녀에게 합법적으로 세습된다.

① 베버(M. Weber)
② 일리치(I. Illich)
③ 파슨스(T. Parsons)
④ 부르디외(P. Bourdieu)

16 교사 중심의 교수 · 학습 방법은?

① 학생들에게 정해진 교과 지식을 제시하고 설명한 후 형성평가를 실시하여 학습결과를 확인하였다.
② 학생들이 현실 생활에서 당면할 수 있는 문제를 소집단 협동학습을 통해 해결하도록 안내하였다.
③ 학생들의 사고력과 창의력을 향상시키기 위해 신문에 나온 기사와 칼럼을 활용하여 토론하게 하였다.
④ 학생들에게 학습 팀을 구성하여 자신들이 실제로 겪고 있는 문제를 확인하고 자료를 수집하여 해결 방안을 모색하게 하였다.

17 현행 법령상 교원을 〈보기〉에서 고른 것은?

〈보기〉	
㉠ 교장	㉡ 교감
㉢ 행정실장	㉣ 교육연구사

① ㉠, ㉡
② ㉠, ㉢
③ ㉡, ㉣
④ ㉢, ㉣

18 『초 · 중등교육법』상 수석교사의 역할을 〈보기〉에서 모두 고른 것은?

〈보기〉

㉠ 학생을 교육한다.
㉡ 교사의 교수 · 연구 활동을 지원한다.
㉢ 교무를 통할하고, 소속 교직원을 지도 · 감독한다.

① ㉠

② ㉠, ㉡

③ ㉡, ㉢

④ ㉠, ㉡, ㉢

19 교원의 특별연수에 해당하는 것은?

① 박 교사는 특수분야 연수기관에서 개설한 종이접기 연수에 참여하였다.
② 황 교사는 교육청 소속 교육연수원에서 교육과정개정에 따른 연수를 받았다.
③ 최 교사는 학습연구년 교사로 선정되어 대학의 연구소에서 1년간 연구 활동을 수행하였다.
④ 교직 4년차인 김 교사는 특수학교 1급 정교사 자격증을 취득하기 위한 연수에 참여하였다.

20 김 교장이 실시하고자 하는 장학의 종류는?

김 교장 : 교사들이 좀 더 수업을 잘 하도록 지원하기 위해서는 수업 장면을 살펴봐야겠습니다.
박 교감 : 공개수업을 참관해 보면 미리 짠 각본처럼 준비된 수업을 하니 정확한 실상을 알기가 어렵습니다.
김 교장 : 교사들이 거부반응을 보일지 모르지만 복도에서라도 교실 수업 장면을 살펴보고 필요한 조언을 해야겠습니다.

① 약식장학

② 자기장학

③ 중앙장학

④ 확인장학

☞ 정답 및 해설 P.17

1 교육재정의 특성으로 옳지 않은 것은?

① 재정은 공공의 이익을 도모하는 국가활동과 정부의 시책을 위해 사용되어야 한다는 공공성이 있다.

② 공권력을 통하여 기업과 국민 소득의 일부를 조세를 통해 정부의 수입으로 이전하는 강제성을 가지고 있다.

③ 수입이 결정된 후에 지출을 조정하는 양입제출(量入制出)의 원칙이 적용된다.

④ 존속기간이 길다고 하는 영속성을 특성으로 한다.

2 학교 조직이 갖고 있는 관료제의 특성에 해당하지 않는 것은?

① 교장-교감-교사의 위계구조

② 과업수행의 통일성을 기하기 위한 규정과 규칙

③ 연공서열과 업적에 의해 결정되는 승진 체계

④ 인간적인 감정 교류가 중시되는 교사-학생의 관계

3 2급 정교사인 사람이 1급 정교사가 되고자 할 때 받아야 하는 연수는?

① 직무연수

② 자격연수

③ 특별연수

④ 지정연수

4 다음 설명에 해당하는 방어기제는?

> • 사회적으로 용인될 수 없는 충동을 정반대의 말이나 행동으로 표출하는 과정
> • 친구를 좋아하면서도 표현하기가 힘든 아이가 긴장된 상황에서 '난 네가 싫어!'라고 말하는 것

① 억압(repression)

② 반동형성(reaction formation)

③ 치환(displacement)

④ 부인(denial)

5 구성원의 성숙도를 지도자 행동의 효과성에 영향을 주는 주요 요인으로 보는 리더십 이론에 대한 설명으로 옳은 것은?

① 조직의 상황과 관련 없이 최선의 리더십 유형이 있다고 본다.

② 허시(P. Hersey)와 블랜차드(K. lanchard)의 상황적 리더십 이론이 대표적이다.

③ 블레이크(R. Blake)와 모튼(J. Mouton)에 의해 완성된 리더십 이론이다.

④ 유능한 지도자는 환경보다는 유전적인 특성에 달려 있다고 본다.

6 「초·중등교육법」상 국공립학교 학교회계의 세입(歲入)에 해당하지 않는 것은?

① 지방자치단체의 교육비특별회계로부터 받은 전입금

② 학교발전기금으로부터 받은 전입금

③ 사용료 및 수수료

④ 지방교육세

7 법적용의 우선원칙에 대한 설명으로 옳은 것은?

① 「지방자치법」과 「지방교육자치에 관한 법률」이 충돌할 경우 전자를 우선적으로 적용한다.

② 「초·중등교육법」과 「초·중등교육법 시행령」이 충돌할 경우 후자를 우선적으로 적용한다.

③ 「노동조합 및 노동관계조정법」과 「교원의 노동조합 설립 및 운영 등에 관한 법률」이 충돌할 경우 후자를 우선적으로 적용한다.

④ 신법과 구법이 충돌할 때에는 먼저 제정된 법을 우선적으로 적용한다.

8 초·중등학교에 근무하는 교원과 직원의 신분에 대한 설명으로 옳은 것은?

① 수석교사는 교육전문직원이다.

② 공립학교 행정실장은 교육공무원이다.

③ 교장은 별정직 공무원이다.

④ 공무원인 교원은 특정직 공무원이다.

9 실존주의 교육철학관에 대한 설명으로 옳지 않은 것은?

① 교육의 목적은 자유롭고 주체적이며 창조적인 인간형성에 있다.

② 교육은 자기결정적인 자아의 형성을 위한 것이다.

③ 교육에서는 인간적인 만남이 중요하다.

④ 인간의 본질을 규격화된 것으로 이해한다.

10 코메니우스(J. A. Comenius)의 교육사상에 대한 설명으로 옳지 않은 것은?

① 고전(古典)의 내용을 체계적으로 전달하고 이해하는 것이 중요하다.

② 감각교육의 중요성을 강조한다.

③ 교육을 이끌어가는 방법상의 원리를 자연에서 찾는다.

④ 수업에서는 사물이 사물에 대한 언어보다 앞서야 한다.

11 학생이 사전에 온라인 등으로 학습내용을 공부해 오게 한 후 학교 수업에서는 문제해결이나 토론 등의 상호작용에 중점을 두는 수업 형태는?

① 플립러닝(flipped learning)

② 탐구수업

③ 토론수업

④ 문제기반학습(problem-based learning)

12 "학교의 시설, 교사의 자질, 교육과정 등의 측면에서 학교 간의 차이가 없어야 한다."라는 관점에 해당하는 것은?

① 교육기회의 허용적 평등

② 장학금 제도

③ 교육조건의 평등

④ 대학입학특별전형제도

13 학교교육의 기능을 보는 관점이 다른 것은?

① 학교는 불평등한 경제적 구조를 재생산한다.

② 학교의 문화전달과 사회통합적 기능을 높이 평가한다.

③ 학교는 능력에 맞게 인재를 사회의 적재적소에 배치하는 데 기여한다.

④ 학교교육의 사회화 기능을 긍정적으로 평가한다.

14 인지주의 학습전략 중 기존에 가지고 있던 정보를 새로운 정보에 연결하여 정보를 유의미한 형태로 바꾸는 것은?

① 정적 강화   ② 부적 강화

③ 체계적 둔감화   ④ 정교화

15 형태주의 심리학(Gestalt psychology)에 대한 설명으로 옳지 않은 것은?

① 학습자는 세상을 지각할 때 외부자극을 단순히 합하는 것 이상의 작업을 수행한다.

② 문제 장면에 존재하는 다양한 요소의 관계를 파악하는 통찰에 주목한다.

③ 학습은 인지구조의 변화가 아니라 행동의 변화를 나타낸다.

④ 쾰러(W. Köhler)의 유인원 실험은 중요한 근거를 제공한다.

16 조선시대 성균관 유생의 출석 확인을 위한 방식은?

① 학교모범(學校模範)

② 원점법(圓點法)

③ 탕평책(蕩平策)

④ 학교사목(學校事目)

17 (가)와 (나)에 해당하는 평가의 유형을 옳게 짝 지은 것은?

(가) 학습목표를 설정해 놓고 이 목표에 비추어 학습자 개개인의 학업성취 정도를 따지려는 것이다.
(나) 최종 성취수준 그 자체보다 사전 능력수준과 평가 시점에 측정된 능력수준 간의 차이에 관심을 두는 평가로 개별화교육을 촉진할 수 있다.

	(가)	(나)
①	준거참조평가	성장참조평가
②	준거참조평가	능력참조평가
③	규준참조평가	성장참조평가
④	규준참조평가	능력참조평가

18 사회인지이론에서 주장하는 관찰학습의 단계를 순서대로 바르게 나열한 것은?

① 파지단계 → 재생단계 → 동기화단계 → 주의집중단계

② 주의집중단계 → 파지단계 → 재생단계 → 동기화단계

③ 동기화단계 → 주의집중단계 → 파지단계 → 재생단계

④ 재생단계 → 주의집중단계 → 동기화단계 → 파지단계

19 상황학습(situated learning)의 설계 원리에 대한 설명으로 옳지 않은 것은?

① 지식이나 기능은 유의미한 맥락 안에서 제공되어야 한다.

② 교실에서 학습한 것과 교실 밖에서 필요로 하는 것의 관계 형성을 돕는다.

③ 전이(transfer)를 촉진할 수 있도록 추상적인 형태의 지식을 제공한다.

④ 다양한 사례를 활용하여 능동적인 문제해결을 유도한다.

20 타일러(R. W. Tyler)의 교육과정 이론에 대한 설명으로 옳지 않은 것은?

① 교육목표를 설정할 때 학습자, 사회, 교과를 균형 있게 고려한다.

② 교육과정을 교육목적, 교육내용, 교육방법, 학습활동까지 포함하는 경험으로 파악한다.

③ 학습목표를 행위동사로 진술할 것을 주장한다.

④ 기존 교육과정에 대해 기계적이고 절차적인 모형이라는 비판을 가하였다.

☞ 정답 및 해설 P.20

1 「학교폭력예방 및 대책에 관한 법률」상 중학교에서 발생한 학교폭력 문제 처리과정에서 중학생인 가해학생에 대해 취할 수 있는 조치가 아닌 것은?

① 출석정지

② 학급교체

③ 전학

④ 퇴학처분

2 ㉠~㉢에 들어갈 평가 유형을 바르게 연결한 것은?

유형	(㉠)	(㉡)	(㉢)
시행 시기	수업 전	수업 중	수업 후
목적	출발점 행동과 학습결손의 원인을 확인하고자 한다.	수업지도방법을 개선하거나 학습행동을 강화하고자 한다.	수업목표의 달성 여부를 판단하고자 한다.

	㉠	㉡	㉢
①	진단평가	총괄평가	형성평가
②	진단평가	형성평가	총괄평가
③	형성평가	진단평가	총괄평가
④	총괄평가	형성평가	진단평가

3 행동주의 학습이론에 대한 설명으로 옳지 않은 것은?

① 환경은 학습자의 행동에 영향을 끼치는 변인이다.

② 학습자는 상황에 관계없이 스스로 사고하고 판단하는 존재이다.

③ 바람직한 행동뿐만 아니라 부적응 행동도 학습의 결과이다.

④ 학습은 외현적 행동으로 나타나기 때문에 과학적 연구가 가능하다.

4 교육과정 이론에 대한 설명으로 옳지 않은 것은?

① 학문중심 교육과정은 나선형 교육과정의 원리를 채택한다.

② 인간중심 교육과정은 정의적 특성의 발달보다는 지적 능력의 성취를 강조한다.

③ 경험중심 교육과정은 학습자의 삶과 관련이 있는 다양한 경험을 주된 교육내용으로 삼는다.

④ 교과중심 교육과정은 문화유산의 전달을 목적으로 하는 내용을 논리적으로 체계화하여 교과로 분류한다.

5 신라시대의 국학(國學)에 대한 설명으로 옳은 것은?

① 교수와 훈도를 교관으로 두어 교육하게 하였다.

② 6두품 출신 자제들에게만 입학 자격이 부여되었다.

③ 독서삼품과를 도입하여 독서의 정도에 따라 관직에 진출시켰다.

④ 수학 기간은 관직에 진출할 때까지 누구에게도 제한하지 않았다.

6 우리나라 지방교육자치제도에 대한 설명으로 옳지 않은 것은?

① 시·도의 교육·학예에 관한 경비를 따로 경리하기 위하여 당해 지방자치단체에 교육비특별회계를 둔다.

② 정당은 교육감선거에 후보자를 추천할 수 없다.

③ 지방자치단체의 교육·학예에 관한 사무를 효율적으로 처리하기 위하여 지방교육행정협의회를 둔다.

④ 시·도의 교육학예에 관한 사무의 심의기관으로 교육감을 둔다.

7 다음 설명에 해당하는 동기이론은?

> • 동기 행동이 유발되는 과정에 초점을 맞춘다.
> • 유인가, 성과기대, 보상기대의 세 가지 기본 요소를 토대로 이론적 틀을 구축하였다.
> • 개인의 가치와 태도는 역할기대, 학교문화와 같은 요소와 상호작용하여 행동에 영향을 미친다고 가정한다.

① 브룸(V. H. Vroom)의 기대이론

② 허즈버그(F. Herzberg)의 동기-위생이론

③ 아담스(J. H. Adams)의 공정성이론

④ 알더퍼(C. P. Alderfer)의 생존-관계-성장이론

8 부르디외(P. Bourdieu)의 문화재생산 이론에 부합하는 내용만을 모두 고르면?

> ㉠ 교육은 사회에 적합한 인간을 양성하는 순기능적인 사회화 과정이다.
> ㉡ 문화자본은 가정에서 자녀의 교육을 위해 지출하는 직접적인 교육비를 의미한다.
> ㉢ 지배집단은 자신들의 문화를 학교교육에 두입시켜 불평등한 사회적 관계를 정당화한다.
> ㉣ 학교에서 가치 있다고 여겨지는 문화자본을 많이 소유한 사람이 그렇지 못한 사람에 비해 성공할 가능성이 높다.

① ㉠, ㉡   ② ㉠, ㉢

③ ㉡, ㉣   ④ ㉢, ㉣

9 「교육공무원법」상 고등학교 이하 각급학교 기간제교원으로 임용할 수 있는 경우가 아닌 것은?

① 교원이 병역 복무를 사유로 휴직하게 되어 후임자의 보충이 불가피한 경우

② 특정 교과를 한시적으로 담당하도록 할 필요가 있는 경우

③ 유치원 방과후 과정을 담당하도록 할 필요가 있는 경우

④ 학부모의 요구가 있는 경우

10 검사도구의 신뢰도를 높이기 위한 방법에 해당하지 않는 것은?

① 새로 실시한 검사와 이미 공인된 검사 사이의 유사도를 추정한다.

② 실시한 하나의 검사를 두 부분으로 나누어 각 부분의 측정 결과 간의 유사도를 추정한다.

③ 동일한 집단에게 동일한 검사를 일정한 간격을 두고 반복 실시하여 두 검사 간의 일관성 정도를 추정한다.

④ 동일한 집단에게 검사의 특성이 거의 같은 두 개의 검사를 실시하여 두 점수 간의 유사성 정도를 추정한다.

11 다음과 같은 주장을 하는 현대교육사상가는?

> 현대의 위기상황에서 잃어버린 인간의 본래적 모습을 회복할 수 있는 방안은 인간들 간의 대화적, 실존적 만남 속에서 서로의 독특성을 발견하는 데 있다. 교육도 이러한 인격적 만남에 기초해야만 한다. 따라서 교수 목표는 지식 교육이 아니라 아동과의 관계형성을 통한 정체성 확립에 있다.

① 부버(M. Buber)
② 듀이(J. Dewey)
③ 브라멜드(T. Brameld)
④ 허친스(R. M. Hutchins)

12 피아제(J. Piaget)의 인지발달단계를 순서대로 바르게 나열한 것은?

> ㉠ 전조작기
> ㉡ 형식적 조작기
> ㉢ 감각운동기
> ㉣ 구체적 조작기

① ㉠→㉡→㉢→㉣
② ㉠→㉢→㉡→㉣
③ ㉢→㉠→㉣→㉡
④ ㉢→㉡→㉠→㉣

13 다음의 특징을 가진 상담기법은?

> • 비(非)지시적 상담이라는 별칭을 갖고 있다.
> • 상담자와 내담자 사이의 촉진적 관계를 강조한다.
> • 인간은 합목적적이고 건설적이며 선한 존재라고 가정한다.
> • 상담의 목표는 내담자가 자신의 모습대로 살아가게 하고 잠재력을 실현하도록 하는 데 있다.

① 인지적 상담기법
② 행동주의 상담기법
③ 인간중심 상담기법
④ 정신분석 상담기법

14 브루너(J. S. Bruner)의 '지식의 구조'에 대한 설명으로 옳지 않은 것은?

① 경험중심 교육과정의 핵심적인 원리이다.
② 특정 학문에서의 학문 현상을 이해하기 위한 개념적 수단이다.
③ 학문에 내재해 있는 기본적인 아이디어나 개념들을 구조화한 것이다.
④ 배운 내용을 사태에 적용하기 쉽고 위계적인 지식 사이의 간격을 좁힐 수 있게 해준다.

15 플라톤이 『국가론』에서 주장한 내용으로 옳은 것은?

① 교육의 궁극적인 목적은 개인의 자아실현에 있다.
② 국가는 능력에 따라 구분된 계급에 적합한 교육을 시켜야한다.
③ 모든 인간은 백지상태에서 태어나므로 개인의 사회적 역할은 평등하다.
④ 국가는 교육에 최소한으로 개입하여 개인의 발달을 보장해야 한다.

16 헌법 제31조에서 규정하고 있는 교육에 관한 내용으로 옳지 않은 것은?

① 균등하게 교육 받을 권리

② 고등학교까지의 의무교육 무상화

③ 교육의 정치적 중립성

④ 교육제도의 법정주의

17 헤르바르트(J. F. Herbart) 4단계 교수론에서 다음이 설명하는 단계는?

> 이 단계에서는 지식 사이의 중요한 관련과 중요하지 않은 관련이 명백히 구분되고, 지식은 하나의 통일된 전체로 배열된다. 이 단계에서 학습의 성공은 학습자의 내부에 들어 있는 표상들이 완전한 통합을 이루도록 하는 데 있다.

① 명료화(clearness)

② 연합(association)

③ 방법(method)

④ 체계(system)

18 경제협력개발기구(OECD)가 제안한 순환교육에 대한 설명으로 옳지 않은 것은?

① 의무교육과 같은 정규교육 영역을 중심으로 제안한 전략이다.

② 사적 영역에서 이루어지고 있는 직무교육을 포함한다.

③ 교육은 개인의 전 생애 동안 순환적인 방법으로 배분될 수 있다고 가정한다.

④ 교육과 일, 자발적 비고용 기간, 은퇴가 서로 교차할 수 있다는 것을 기본 원리로 삼는다.

19 공·사교육비를 '공공의 회계절차를 거치는가'에 따라 분류할 때, 공교육비에 해당하지 않는 것은?

① 학생이 학교에 내는 입학금

② 학생이 사설학원에 내는 학원비

③ 학부모가 부담하는 학교운영지원비

④ 학교법인이 부담하는 법인전입금

20 콜버그(L. Kohlberg)의 도덕성 발달이론에 비추어 볼 때, 다음 상황에 대한 아동의 대답이 해당하는 발달단계는?

〈상황〉

한 남자의 아내가 죽어가고 있다. 아내를 살릴 수 있는 약이 있지만 너무 비싸고, 약사는 싼 가격에는 약을 팔려고 하지 않는다. 남자는 아내를 위해 하는 수 없이 약을 훔쳤다. 남자는 정당한 일을 하였는가?

〈아동의 대답〉

"나는 찬성한다. 좋은 남편은 아내를 잘 돌보아야 하기 때문에 사랑하는 아내를 살리기 위한 이러한 행위는 정당하다."

① 1단계 : 복종과 처벌 지향

② 2단계 : 개인적 쾌락주의

③ 3단계 : 착한 소년/소녀 지향

④ 4단계 : 사회질서와 권위 지향

1 실존주의 교육철학의 특징에 해당하는 것은?

① 삶의 긍정적 · 부정적 측면을 통해 학습자 스스로가 삶의 문제를 해결하고 주체적으로 성장할 수 있다.

② 교육의 사회적 역할을 강조하고 교육을 통한 사회개조를 강조한다.

③ 교육의 주도권은 교사에게 있고 교육과정의 핵심은 소정의 교과를 철저하게 이수하는 것이다.

④ 교육에서 현실의 학문을 무시하고 고전의 지식을 영원한 것으로 여기며 지적인 훈련을 매우 강조한다.

2 다음과 관련된 교육과정은?

- 교실풍토의 영향
- 잭슨(Jackson)
- 군집, 상찬, 평가 등이 학생의 삶에 미치는 영향
- 학생에게 무(無)의도적으로 전달되는 교육과정

① 공식적 교육과정   ② 영 교육과정

③ 잠재적 교육과정   ④ 실제적 교육과정

3 파슨스(Parsons)의 관점으로 옳은 것만을 모두 고르면?

㉠ 사회화는 장차 성인이 되어 담당하게 될 역할수행에 필요한 정신적 자세와 자질을 기르는 것이다.
㉡ 학교교육은 지배와 종속의 관계를 유지시켜 주는 역할을 한다.
㉢ 역할을 담당할 인재를 선발하여 적재적소에 배치하는 것이 교육의 중요한 기능이다.

① ㉠, ㉡   ② ㉠, ㉢

③ ㉡, ㉢   ④ ㉠, ㉡, ㉢

4 다음 주장을 한 학자는?

> • 학교는 자본주의적 사회관계의 유지에 필수적인 통합기능을 수행하는 기관이라고 보았다.
> • 경제적 재생산이라는 개념을 사용하여 학교교육이 자본주의 경제체제를 재생산하는 데 어떻게 기여하는지 그 메커니즘을 설명하고자 하였다.
> • 학교 교육체제에서 학생이 미래에 차지할 경제적 위치를 반영하여 차별적 사회화가 이루어진다고 주장하였다.

① 해비거스트(Havighurst)

② 보울스와 진티스(Bowles & Gintis)

③ 콜만(Coleman)

④ 번스타인과 영(Bernstein & Young)

5 다음 설명에 해당하는 롤스(Rawls)의 교육평등 원리는?

> • 모든 이익이 평등하게 분배되도록 요구하지는 않지만 평등한 분배로부터의 일탈은 결과적으로 모든 사람에게 이득이 될 경우에만 인정되어야 함을 요구한다.
> • 사회적으로 가장 불리한 입장에 있는 사람의 필요에 특히 신경 쓸 것을 요구한다.
> • 모든 사람이 평등하게 살아야 한다는 것이 아니라 어떤 사람이 다른 사람의 희생으로 잘 살게 되는 것을 금지하는 것이다.

① 공정한 경쟁의 원리   ② 최대이익의 원리

③ 차등의 원리   ④ 인간존중의 원리

6 평생교육의 6대 영역 중 인문교양교육에 해당하는 것은?

① 건강심성 프로그램

② 시민참여활동 프로그램

③ 생활문화예술 프로그램

④ 레저생활스포츠 프로그램

7 우리나라 개화기 교육에 대한 설명으로 옳지 않은 것은?

① 동문학은 통역관 양성을 위한 목적으로 출발하였다.

② 배재학당은 우리나라 최초로 설립된 민간 신식교육기관이다.

③ 육영공원은 엘리트 양성을 위한 목적으로 설립된 관립 신식 교육기관이다.

④ 안창호는 대성학교를 설립하여 무실역행을 강조하였다.

8 검사도구의 양호도에 대한 설명으로 옳은 것은?

① 실용도는 시간, 비용, 노력 측면에서 검사가 얼마나 경제적인지를 나타낸다.

② Cronbach's α 계수는 재검사 신뢰도의 일종이다.

③ 객관도는 신뢰도보다는 타당도에 가까운 개념이다.

④ 높은 신뢰도는 높은 타당도가 되기 위한 충분조건이다.

9 아리스토텔레스의 교육사상에 대한 설명으로 옳은 것만을 모두 고르면?

> ㉠ 모든 인간은 장차 실현될 모습을 스스로 지니고 있다는 목적론적 세계관을 지향한다.
> ㉡ 교육의 최종적인 목적은 행복한 삶을 영위할 수 있는 인간을 기르는 것이다.
> ㉢ 자유교육은 직업을 준비하거나 실용적인 목적을 위해 행해지는 것이 아니라 지식 자체의 목적에 맞추어져 있다.

① ㉠, ㉡

② ㉠, ㉢

③ ㉡, ㉢

④ ㉠, ㉡, ㉢

10 피어슨(Pearson)의 적률상관계수를 활용하여 독서량과 국어 원점수 간의 상관을 분석하는 과정에 나타날 수 있는 현상으로 옳은 것만을 모두 고르면?

> ㉠ 극단한 값(outlier)의 영향을 크게 받을 수 있다.
> ㉡ 두 변수가 곡선적인 관계를 보이면 상관이 과소추정될 우려가 있다.
> ㉢ 국어 원점수를 T점수로 변환하면 두 변수 간의 상관계수는 달라진다.

① ㉠, ㉡   ② ㉠, ㉢

③ ㉡, ㉢   ④ ㉠, ㉡, ㉢

11 원격교육에 대한 설명으로 옳지 않은 것은?

① 원격교육은 컴퓨터 통신망을 기반으로 등장하였다.

② 각종 교재개발과 학생지원 서비스 등을 위한 물리적·인적 조직이 필요하다.

③ 교수자와 학습자가 물리적으로 떨어져 있으나 교수·학습 매체를 통해 의사소통을 한다.

④ 다수를 대상으로 하면서도 공학적인 기재를 사용하여 사전에 계획, 준비, 조직된 교재로 개별학습이 이루어진다.

12 구성주의 교육에 대한 설명으로 옳은 것만을 모두 고르면?

> ㉠ 교수의 내용은 객관적 법칙이라고 밝혀진 체계화된 지식이다.
> ㉡ 실재하는 지식을 효과적으로 전달할 수 있는 교수·학습 방법을 강조한다.
> ㉢ 학습자가 정보를 획득하고 의미를 재구성할 수 있도록 복잡하고 비구조화된 과제를 제시한다.
> ㉣ 협동 수업, 소집단 활동, 문제해결학습 등을 통해 사고와 메타인지를 촉진하는 다양한 교육방법을 적용한다.

① ㉠, ㉡   ② ㉠, ㉣

③ ㉡, ㉢   ④ ㉢, ㉣

13 다음 설명에 해당하는 것은?

> • 학교교사가 공동으로 노력하도록 함으로써 장학활동을 위해 학교의 인적 자원을 최대한 활용할 수 있다.
> • 수업개선 전략에 대한 책임감을 부여함으로써 수업개선에 기여할 수 있다는 성취감을 갖게 할 수 있다.
> • 교사관계를 증진할 수 있고, 학교 및 학생 교육에 대한 적극적인 자세와 전문적 신장을 도모할 수 있다.

① 임상장학　　　　　　　　　　　② 동료장학
③ 약식장학　　　　　　　　　　　④ 자기장학

14 칼슨(Carlson)의 분류에 따를 때, 공립학교가 해당되는 유형은?

고객의 참여결정권 / 조직의 고객선택권	유	무
유	유형Ⅰ	유형Ⅲ
무	유형Ⅱ	유형Ⅳ

① 유형 Ⅰ　　　　　　　　　　　② 유형 Ⅱ
③ 유형 Ⅲ　　　　　　　　　　　④ 유형 Ⅳ

15 배스(Bass)의 변혁적 리더십 요인에 대한 설명으로 옳지 않은 것은?

① 지적 자극 – 기존 상황에 새롭고 개방적인 방식으로 접근함으로써 구성원이 혁신적이고 창의적이 되도록 유도한다.
② 개별적 배려 – 구성원의 개인적 성장 욕구에 세심한 관심을 기울이고 학습 기회를 만들어 그들의 잠재력을 발전시킨다.
③ 추진력 – 결단력과 업무 추진력으로 조직을 변혁하고 높은 성과를 유도해야 한다.
④ 이상화된 영향력 – 구성원으로부터 신뢰와 존경을 받고 동일시와 모방의 대상이 되어 이상적인 영향력을 행사한다.

16 브루너(Bruner)의 교수이론에 대한 설명으로 옳지 않은 것은?

① 어떤 교과든지 지적으로 올바른 형식으로 표현하면 어떤 발달 단계에 있는 아동에게도 효과적으로 가르칠 수 있다.

② 학습자의 발달 단계에 맞게 학습내용을 구조화하고 조직함으로써 학습자가 교과내용을 잘 이해할 수 있다.

③ 지식의 표상 양식은 영상적 표상으로부터 작동(행동)적 표상을 거쳐 상징적 표상의 순서로 발달해 나간다.

④ 지식의 구조를 이해하게 되면 학습자 스스로가 사고를 진행할 수 있으며, 최소한의 지식으로 많은 것을 알 수 있다.

17 교수설계이론에 대한 설명으로 옳은 것은?

① 개발단계 – 학습을 위해 개발된 자원과 과정을 실제로 사용하는 것을 말한다.

② 실행단계 – 설계에서 구체화된 내용을 물리적으로 완성하는 단계로 실제 수업에서 사용할 자료를 만든다.

③ 평가단계 – 앞으로의 효과 및 결과를 예견하고 평가하는 과정으로 학습과 관련된 요인과 학습자 요구를 면밀히 분석한다.

④ 설계단계 – 설정된 목표를 달성하기 위해 어떤 내용을 어떻게 조직하고 제시해야 효과적인 결과를 얻을 것인가를 핵심질문으로 하는 수업의 청사진이다.

18 아동의 인지발달과정에 대한 피아제(Piaget)와 비고츠키(Vygotsky) 이론의 차이점으로 옳지 않은 것은?

① 피아제는 학습이 발달을 주도한다고 보는 반면 비고츠키는 발달에 기초하여 학습이 이루어진다고 본다.

② 피아제는 아동은 스스로 세계를 구조화하고 이해하는 존재라고 생각한 반면 비고츠키는 아동이 타인과의 관계에서 영향받아 성장하는 사회적 존재임을 강조한다.

③ 피아제는 혼잣말을 미성숙하고 자기중심적 언어로 보지만 비고츠키는 혼잣말이 자신의 사고를 위한 수단, 문제해결을 위한 사고의 도구라고 생각한다.

④ 피아제는 개인 내적 지식이 사회적 지식으로 확대 또는 외면화된다고 보는 반면 비고츠키는 사회적 지식이 개인 내적 지식으로 내면화된다고 본다.

19 행동주의 학습이론에 대한 설명으로 옳은 것은?

① 고정비율 강화계획은 일정한 시간 간격을 기준으로 강화가 제시되는 것을 의미한다.

② 부적 강화란 어떤 행동 후 싫어하는 자극을 제거함으로써 특정 행동을 증가시키는 것을 의미한다.

③ 일차적 강화물은 그 자체로 강화능력을 가지고 있지 않는 자극이 다른 강화물과 연합하여 가치를 얻게 된 강화물이다.

④ 프리맥 원리는 차별적 강화를 이용하여 목표와 근접한 행동을 단계적으로 형성해 나가는 것이다.

20 상담이론에 대한 설명으로 옳은 것은?

① 내담자 중심 상담 – 미해결 갈등을 이해하는 것이 개인의 정신역동을 이해하는 방법이다.

② 행동주의 상담 – 인간의 행동을 개인이 선택한 것으로 바라보며 행동의 원인보다는 목적에 더 주목하면서 자아실현을 강조한다.

③ 의사교류분석 – 가족치료에서 시작된 이론으로 내담자의 욕구를 파악한 후 현실과 맞서도록 심리적인 힘을 개발할 수 있도록 돕는다.

④ 합리적·정서적 행동 상담 – 인간의 감정, 즉 정서적 문제의 원인이 비합리적 신념임을 가정하고 이를 합리적 신념으로 변화시키기 위한 치료기법을 개발하였다.

☞ 정답 및 해설 P.25

1 타일러(Tyler)가 제시한 학습경험을 효과적으로 조직하는 원리에 해당하지 않는 것은?

① 계열성의 원리   ② 유용성의 원리

③ 계속성의 원리   ④ 통합성의 원리

2 밑줄 친 부분에서 설명하고 있는 시험의 기능으로 보기 어려운 것은?

> 시험은 학문적으로 무엇이 가치가 있으며 교육제도가 선택적으로 가르치고자 하는 것이 무엇인가를 가장 극명하게 표출하지만, 시험의 의미는 그것만이 아니다. 지식의 사회적 의미규정과 그 표현방식을 학교의 시험을 통하여 학생들에게 강요함으로써, 지배문화와 지배문화의 가치관을 주입하는 가장 효과적인 도구로 시험이 이용되고 있는 것이다.

① 교육과정과 교수방법 개선

② 지식의 공식화와 위계화

③ 기존 사회질서의 정당화와 재생산

④ 규범과 가치관 통제

3 형식학습과 비교한 비형식 학습에 대한 설명으로 옳지 않은 것은?

① 시간 – 단기간 및 시간제 학생

② 목적 – 일반적인 목적 및 학위수여

③ 내용 – 개인화된 내용 및 학습자가 입학조건 결정

④ 전달방식 – 자원의 절약 및 유연한 체제

4 다음 설명에 해당하는 교육행정 과정의 요소는?

> • 각 부서별 업무 수행의 관계를 상호 관련시키고 원만하게 통합, 조절하는 일이다.
> • 이것이 잘 이루어지면 노력·시간·재정의 낭비를 막고, 각 부서 간의 부조화 및 직원 간의 갈등을 예방할 수 있다.

① 기획   ② 명령

③ 조정   ④ 통제

5 학부모가 지출한 교재비를 교육비의 기준에 따라 분류할 때, 옳은 것으로만 묶은 것은?

① 직접교육비, 사교육비, 공부담 교육비

② 직접교육비, 사교육비, 사부담 교육비

③ 간접교육비, 공교육비, 공부담 교육비

④ 간접교육비, 공교육비, 사부담 교육비

6 비판적 교육철학 또는 비판교육학(critical pedagogy)에 대한 설명으로 옳지 않은 것은?

① 인간의 자유로운 의식의 형성을 억압하고 왜곡하는 사회적, 경제적, 정치적 제약요인들을 분석하고 비판한다.

② 하버마스(J. Habermas), 지루(H. Giroux), 프레이리(P. Freire) 등이 대표적인 학자이다.

③ 지식 획득을 포함한 인간의 모든 인식행위는 가치중립적인 것으로 간주한다.

④ 교육문제에 대해 좀 더 실제적이고 정치사회적인 관점을 취한다.

7 다음 설명에 해당하는 조선시대 교재는?

> • 소학(小學) 등 유학 입문용 교재이다.
> • 중종 때 박세무가 저술하였다.
> • 학습내용을 경(經)과 사(史)로 나누어 제시하였다.
> • 일제 강점기에는 우리 역사를 다룬다는 이유로 서당의 교재로 쓰지 못하게 하였다.

① 『동몽선습』   ② 『유합』

③ 『입학도설』   ④ 『훈몽자회』

8 전직에 해당하지 않는 것은?

① 초등학교 교감이 장학사가 되었다.

② 초등학교 교사가 중학교 교사가 되었다.

③ 중학교 교장이 교육장이 되었다.

④ 중학교 교사가 특성화 고등학교 교사가 되었다.

9 다음 설명에 해당하는 평생교육 문헌은?

> • 국제교육의 해와 개발연대를 맞아서 전 세계적으로 보급되었다.
> • 평생교육 개념 확산에 크게 기여하였다.
> • 평생교육의 개념 정립보다는 평생교육의 대두 배경을 제시한 입문서로 볼 수 있다.

① 랭그랑(Lengrand)의 『평생교육에 대한 입문』

② 포르(Faure)의 『존재를 위한 학습』

③ 다베(Dave)의 『평생교육과 학교 교육과정』

④ OECD의 『순환교육 보고서』

10 교육법의 존재형식과 그 구체적인 예의 연결이 옳지 않은 것은?

① 법률 – 초·중등교육법

② 조약 – 유네스코 헌장

③ 법규명령 – 고등교육법시행령

④ 규칙 – 학생인권조례

11 다음 설명에 해당하는 이론은?

> • 전문가의 사고과정을 내면화하는 것이다.
> • 콜린스(Collins)와 동료들이 발전시켰다.
> • 학습환경을 구성하는 내용, 방법, 순서, 사회학의 네 차원을 중시한다.
> • 모델링, 코칭, 비계설정, 발화, 반성, 탐구의 수업방법을 활용한다.

① 완전학습

② 전환학습

③ 학습공동체이론

④ 인지적 도제학습

12 다음 설명에 해당하는 교육정책 결정 모형은?

> • 의사결정은 합리성보다는 우연성에 의존한다.
> • 문제와 해결책이 조화를 이룰 때 좋은 의사결정이 이루어진다.
> • 조직의 목적은 사전에 설정되는 것이 아니라 자연스럽게 나타난다.
> • 높은 불확실성을 경험하고 있는 조직에서 가장 많이 일어나는 정책결정 모형이다.

① 합리 모형

② 만족 모형

③ 점증 모형

④ 쓰레기통 모형

13 다음 설명에 해당하는 정의적 특성 측정방법은?

> • 의견, 태도, 감정, 가치관 등을 측정하기 용이하다.
> • 단시간에 다양한 자료를 수집하고 결과 또한 신속하게 처리할 수 있다.
> • 응답 내용의 진위 확인이 어려워 결과 해석에 유의해야 한다.

① 관찰법
② 사례연구
③ 질문지법
④ 내용분석법

14 숙달목표지향성의 특징에 해당하지 않는 것은?

① 도전 추구
② 능력 입증
③ 노력 귀인
④ 절대적, 내적 자기참조 기준

15 홀랜드(Holland)가 제안한 직업흥미유형 간 유사성이 가장 낮은 조합은?

① 탐구적(I) – 기업적(E)
② 예술적(A) – 사회적(S)
③ 사회적(S) – 기업적(E)
④ 예술적(A) – 탐구적(I)

16 인지주의 학습이론에 대한 설명으로 옳지 않은 것은?

① 부호화 – 제시된 정보를 처리가능한 형태로 변형하는 과정

② 인출 – 장기기억 속에 있는 정보를 작업기억으로 가져오는 과정

③ 조직화 – 기존에 가지고 있던 정보를 새 정보에 연결하여 정보를 유의미한 형태로 저장하는 과정

④ 메타인지 – 사고과정에 대한 지식으로 자신의 인지과정 전체를 지각하고 통제하는 정신활동

17 구인타당도에 대한 설명으로 옳지 않은 것은?

① 측정을 통해 얻은 사실로 미래의 행동특성을 예견한다.

② 타당도 증거를 수집하기 위해 요인분석 등 여러 통계적 방법이 사용된다.

③ 한 검사가 어떤 심리적 개념이나 논리적 구인을 제대로 측정하는가를 검증한다.

④ 검사가 의도한 바의 특성을 측정하고 있는지에 대한 증거를 수집하는 과정이다.

18 장학개념의 변천에 대한 설명으로 옳은 것은?

① 관리장학은 학문중심 교육과정으로 인해 등장하였다.

② 협동장학은 조직의 규율과 절차, 효율성을 강조하였다.

③ 수업장학은 교육과정의 개발과 수업효과 증진을 강조하였다.

④ 아동 중심 교육이 강조되던 시기에 발달장학이 널리 퍼졌다.

19 가네(Gagné)가 제시한 학습의 결과에 해당하지 않는 것은?

① 태도   ② 언어정보

③ 탐구기능   ④ 운동기능

20 지능에 대한 설명으로 옳지 않은 것은?

① 서스톤(Thurstone) − 지능의 구성요인으로 7개의 기본정신능력이 존재한다.

② 길포드(Guilford) − 지능은 내용, 산출, 조작(operation)의 세 차원으로 구성되어 있다.

③ 가드너(Gardner) − 8개의 독립적인 지능이 존재하며, 각각의 지능의 가치는 문화나 시대에 따라 달라진다.

④ 스턴버그(Sternberg) − 지능은 유동적 지능과 결정적 지능으로 구성되며 결정적 지능은 경험에 따라 변할 수 있다.

정답 및 해설

2016. 4. 9
인사혁신처 시행

---

1 ①

경험중심 교육과정의 특징

㉠ 생활중심 교육과정 : 인간관계, 시민으로서의 책임, 경제적 능률, 자아의 실현과 같은 생활인의 육성을 목표로 한다.

㉡ 문제해결중심 교육과정 : 현재의 생활을 사는 지혜와 태도를 터득하게 하기 위해 문제해결능력의 함양을 강조한다.

㉢ 적응중심 교육과정 : 사회의 급격한 변화에 적응하는 인간을 육성하고자 한다.

㉣ 활동중심 교육과정 : 교실 외 생활경험이 실제 생활문제를 해결해 줄 수 있는 능력과 안목을 준다고 보아 교과활동 못지않게 과외활동을 중시한다.

㉤ 아동중심 교육과정 : 아동의 자발적 행동이 경험의 전제가 되며, 아동의 필요 · 흥미 · 능력에 바탕을 두는 아동중심 교육을 강조한다.

㉥ 전인교육중심 교육과정 : 지 · 덕 · 체의 조화로운 발달을 이룬 사람만이 생활을 올바르게 영위할 수 있기 때문에 전인교육을 중시한다.

---

2 ③

제시된 내용은 비판적 교육철학에 대한 설명이다.

① 실존주의 교육철학은 인문, 과학, 예술 등을 강조하며 교육을 통해 인간 실존의 문제를 탐구해야 한다는 관점이다.

② 분석적 교육철학은 교육 현상에 대한 참된 이해를 목적으로 개념 · 의미 · 명제의 명석화를 추구하였다. 교육이론을 객관적으로 통일시키는 데 공헌한 바 있다.

④ 포스트모더니즘 교육철학은 교육에 대한 고정적이고 획일적인 사고의 틀에서 벗어나라는 점을 시사한다.

---

3 ②

② 자기 장학 : 외부의 지도에 의해서보다는 교사 자신이 전문적 성정을 위하여 스스로 계획을 세우고 실천해 나가는 장학이다.

---

① 약식 장학 : 단위학교의 교장이나 교감이 간헐적으로 짧은 시간 동안 비공식적으로 학급 순시나 수업 참관을 통하여 교사들의 수업 및 학급 경영 활동을 관찰하고 이에 대한 지도 및 조언을 제공하는 과정이다.

③ 컨설팅 장학 : 학교의 요청에 따라 학교 교육의 개선을 위해 학교 경영문제와 교육현안을 진단하고, 대안 마련, 문제 해결과정을 지원하는 교육청의 장학활동이다.

④ 동료 장학 : 교사들이 자신의 성장과 교육활동의 개선을 위해 서로 협동하고 노력하는 과정이다.

---

4 ④

④ 전체적인 반응에서 특수한 반응으로 이행하며 발달해 나간다.

---

5 ①

2009 개정 교육과정은 미래사회가 요구하는 창의적인 인재 양성을 방향으로 하는 총론 중심의 교육과정 개정이었다.

② 초등학교의 '우리들은 1학년'을 폐지하고 창의적 체험활동 내용으로 반영하였다.

③ 제7차 교육과정에서 운영되던 재량활동과 특별활동을 보다 내실화하기 위해 창의적 체험활동이 도입되었다.

④ 제7차 교육과정에 대한 설명이다.

---

6 ③

③ 학교교육을 지배집단의 신념과 가치를 보편적 가치로 내면화시킨다고 보는 것은 갈등론의 관점이다.

---

7 ④

④ 성균관의 입학자격은 생원과 진사를 원칙으로 하며, 정원이 미달될 때 사학의 우수자로 보충하였다.

---

8 ②

반두라의 사회인지 이론(사회학습이론)은 학습이 타인의 행동이나 어떤 주어진 상황을 관찰 · 모방함으로써 이루어진다고 주장한다. 이는 보상이나 처벌의 조작결과로 인간의 행동이 결정된다고 보는 기존의 학설과 두드러진 차별점이다.

9 ②

㉠ 난이도가 너무 높거나 너무 낮으면 변별도가 낮아진다.

㉡ 문항의 변별도는 문항이 피험자의 능력수준을 변별할 수 있는 징도이다. 문항의 변별도는 문항의 난이도에 해당하는 점에서의 문항특성곡선의 기울기로, 일반적으로 0에서 +2.0의 범위에 있으며 그 값이 클수록 변별력이 높다고 본다.

10 ④

① 길포드는 지능이 내용, 조작, 산출이라는 3개의 차원으로 구성된다고 가정하였다.

② 스턴버그는 상황하위이론, 경험하위이론, 요소하위이론으로 구성된 종합적인 지능이론을 주장하였다.

③ 가드너의 다중지능이론이란 각 개인이 특정 분야의 개념과 기능을 어떻게 배우고 활용하며 발전시키는가 하는 특정 분야에서의 문제해결 능력으로서 한 개인이 속한 문화권에서 가치 있다고 인정하는 분야의 재능이다.

11 ②

② 인문주의 교육의 폐단을 비판하면서 등장한 것이 실학주의이다.

12 ①

교육행정의 기본원리(법제면)

㉠ 합법성의 원리 : 모든 행정은 법에 의거하고 법이 정하는 범위 내에서 이루어지는 것을 원칙으로 한다.

㉡ 기회균등의 원리 : 신앙, 사회·경제적 지위 등에 차별 없이 누구나 교육을 받을 수 있다.

㉢ 적도집권의 원리(지방분권의 원리) : 중앙집권의 원리와 지방분권의 원리의 적도의 균형점을 발견하려는 원리이다.

㉣ 자주성의 원리 : 교육의 본질을 추구하기 위하여 일반 행정으로부터 독립되고 정치와 종교로부터 중립성을 유지해야 한다는 원리이다.

13 ③

개별화 수업 … 수업의 초점을 각각의 학습자에게 두고, 모든 학습자가 교수목표를 성취하도록 각 개인의 특성, 능력, 요구 등 개인차를 고려하여 적절하고 타당한 학습목표, 교수방법 및 절차, 자료 선택, 평가 등을 변별적으로 실천하는 수업체제이다.

14 ①

학교의 평생교육〈평생교육법 제29조〉

㉠ 「초·중등교육법」 및 「고등교육법」에 따른 각급학교의 장은 평생교육을 실시함에 있어서 평생교육의 이념에 따라 교육과정과 방법을 수요자 관점으로 개발·시행하도록 하며, 학교를 중심으로 공동체 및 지역문화 개발에 노력하여야 한다.

㉡ 각급학교의 장은 해당 학교의 교육여건을 고려하여 학생·학부모와 지역 주민의 요구에 부합하는 평생교육을 직접 실시하거나 지방자치단체 또는 민간에 위탁하여 실시할 수 있다. 다만, 영리를 목적으로 하는 법인 및 단체는 제외한다.

㉢ ㉡에 따른 학교의 평생교육을 실시하기 위하여 각급학교의 교실·도서관·체육관, 그 밖의 시설을 활용하여야 한다.

㉣ ㉡ 및 ㉢에 따라 학교의 장이 학교를 개방할 경우 개방 시간 동안의 해당 시설의 관리·운영에 필요한 사항은 해당 지방자치단체의 조례로 정한다.

15 ③

영기준 예산제도 … 전년도의 사업, 목표, 방법, 배정금액에 구애되지 않으면서 모든 업무 계획을 새롭게 수립하고 채택된 사업과 활동에 한해서 예산을 편성하는 방법으로, 학교의 모든 사업을 총체적으로 분석하여 우선순위를 결정한 뒤 예산을 편성한다.

16 ③

선행교육 및 선행학습 유발행위 금지 등〈공교육 정상화 촉진 및 선행교육 규제에 관한 특별법 제8조 제3항〉

㉠ 지필평가, 수행평가 등 학교 시험에서 학생이 배운 학교 교육과정의 범위와 수준을 벗어난 내용을 출제하여 평가하는 행위

㉡ 각종 교내 대회에서 학생이 배운 학교교육과정의 범위와 수준을 벗어난 내용을 출제하여 평가하는 행위

㉢ 입학이 예정된 학생을 대상으로 입학 전에 해당 학교의 교육과정을 사실상 운영하는 행위

㉣ 입학이 예정된 학생을 대상으로 해당 학교 입학 단계 이전 교육과정의 범위와 수준을 벗어난 내용을 출제하여 평가하는 행위

17 ①

브루너는 학습자는 누구나 알려는 욕구와 탐구하려는 자세를 지니고 있다고 전제하며 교수-학습 과정에서 학습자의 학습의욕을 자극해야 한다고 설명한다.

① 외재적 보상보다 내재적 보상을 강조한다.

18 ③

평균이 m, 표준편차가 σ 인 정규분포를 따르는 자료가 m−σ 와 m+σ 사이에 나타날 확률은 약 68%, 이 구간을 벗어날 확률은 약 32%이다.

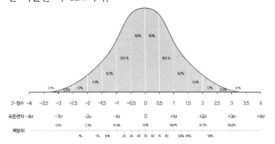

19 ②

유네스코의 평생교육에 대한 논의는 유네스코 21세기 세계교육위원회가 제2의 평생교육 선언으로 제안한 Delors 보고서 「Learning : the treasure within(1996)」을 토대로 하고 있다. 이 보고서는 존재를 위한 학습이라는 큰 이념적 틀을 준거로 알기 위한 학습, 행동하기 위한 학습, 존재하기 위한 학습, 함께 살기 위한 학습을 4가지 이념으로 설정하였다. 이는 평생학습에 대하여 지나치게 시장주의적인 학습경제의 관점에서 접근하는 것을 걱정하여 평생학습의 본질적 의미를 포괄적으로 재규정하고자 하는 데 주안점을 둔 것이다.

20 ④

정보처리 이론에서는 인간의 정보처리 과정을 환경적 자극의 부호화(입력) → 저장(보관) → 인출(회상)의 3단계로 설명한다.

④ 부호화는 정보를 추후에 필요할 때 잘 기억해 낼 수 있는 형태로 기록하는 과정으로 화려한 멀티미디어 사용은 이에 해당하지 않는다.

2016. 6. 18
교육행정직 시행

---

1 ①

분석적 교육철학의 특징

㉠ 교육 현상에 대한 참된 이해를 추구하였다.

㉡ 개념, 의미, 명제의 명료화를 추구하였다.

㉢ 교육이론을 객관적으로 통일시키는 데 공헌하였다.

2 ④

포스트모더니즘은 공교육의 재개념화를 요청한다. 과학적 지식에 의해 소외되었던 일상생활 속에서 터득한 지식을 학교교육에 충실하게 반영하며, 타자성 전략을 통해 기존의 획일적 교육지배를 위한 체제와 제도를 정비해야 한다. 포스트모던한 교육은 풍부한 상상력을 학습시키는 방법이 동원되어야 하며 미성숙자로서 학생의 목소리에 주의를 기울여야 한다.

※ 포스트모더니즘의 교육방법

㉠ 열린교육방법 : 열린 지식의 습득 및 열린 자아의 다원적 전개

㉡ 해석적 읽기 중심의 방법에서 해체적 쓰기 중심의 방법으로 전환

㉢ 교사와 학생, 학생과 학생의 적극적인 대화 프로그램 추진

3 ①

위기지학(爲己之學)은 '자기 자신의 본질을 밝히고 인격을 수양하기 위한 학문'이라는 의미로 공자가 한 말이다.

② 격물치지 : 사물의 이치를 구명하여 자기의 지식을 확고하게 함

③ 실사구시 : 사실에 토대하여 진리를 탐구하는 일

④ 권학절목 : 조선 시대 유생들에 관한 장학 규정을 이르던 말

4 ④

소크라테스의 반어법과 산파술

㉠ 반어법 : 반어적 파괴의 단계로서 질문과 심문을 통해 학습자로 하여금 지식의 그릇됨, 즉 스스로의 무지를 깨우쳐 학습자를 무의식적 무지에서 의식화된 무지로 끌어올리는 단계이다.

㉡ 산파술 : 개인의 마음속에 있는 막연한 생각을 문답에 의해 끌어내어 이를 명확히 인식시키는 단계이다.

5 ③

교육과정의 유형

㉠ 교과중심 교육과정 : 가장 전통적이고 보편적인 교육과정으로서 동양의 4서 3경이나 로마시대의 7자유학파에서 유래한다. 지식의 체계를 존중하며 문화유산 전달이 주된 교육 내용이다.

㉡ 경험중심 교육과정 : 1920년대의 전통적인 교과중심 교육과정을 비판하며 대두되었다. 교육과정이란 학교의 지도 하에 학생들이 가지게 되는 모든 경험과 활동이라고 정의하며 생활중심, 문제해결중심, 아동중심 등의 교육과정을 표방한다.

㉢ 학문중심 교육과정 : 구조화된 일련의 의도된 학습결과로서 각 학문에 내재해 있는 지식의 탐구과정의 조직을 의미한다. 학문중심 교육과정의 핵심과제는 지식과 기술의 폭발적인 증가에 대처하기 위하여 전이가 높은 지식을 선정하여 가르쳐야 한다는 요구이다.

㉣ 인간중심 교육과정 : 교육의 근본적인 목적은 자아실현으로 교육의 수단적 기능에 반대하고 교육의 본질을 인간 삶의 충실과 자기 충족감이 넘치는 인간의 육성에 두었다.

6 ②

㉡ 경험중심 교육과정에 대한 설명이다.
㉢ 잠재적 교육과정에 대한 설명이다.

7 ③

③ 과제분담학습 I (Jigsaw I) 모형 : 전체 학습과제를 모둠 내 구성원의 수에 맞게 나누어 각 구성원에게 과제를 부여한다. 그 후 전문가 그룹으로 모여 협동학습을 한 뒤 원 소속 집단으로 돌아가 협동학습을 한다.

① 팀경쟁학습(TGT) 모형 : 기본적인 기능의 습득과 이해 · 적응력의 신장에 중점을 둔다. TGT에 앞서 교사의 설명을 듣고 팀의 구성원 간에 서로 가르쳐 주는 협동학습을 수행하게 된다.

② 팀보조개별학습(TAI) 모형 : 협동학습과 개별학습이 결합된 학습 모형으로 소집단 내에서 이루어지는 개별학습으로 시작하여 퀴즈→교환 채점→상호 가르침 및 교정→퀴즈→개별시험→pass or fail 순의 학습과정을 제시한다.

④ 학습자팀성취분담(STAD) 모형 : 점수에 따라 이질적으로 학생을 구성한 후, 협동학습과 테스트 실시를 통해 학습이 진행되고 개별점수와 향상점수를 모두 고려한 보상이 학습자에게 주어지는 학습 모형이다.

8 ④

딕과 캐리의 교수설계모형

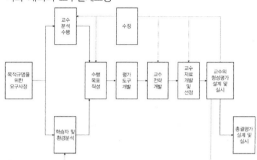

※ ASSURE 모형 ⋯ 교육프로그램을 효과적으로 설계하기 위한 모형으로 주로 교사들이 교실수업에서 활용하기 위한 목적으로 개발되었다. ASSURE 모형은 각 단계별로 앞 글자를 발췌하여 명명한 모형으로 학습자분석(Analyze learners), 목표진술(State Objectives), 교육방법, 미디어, 교수자료 선택(Select method, media & materilas), 미디어와 교수자료 활용(Utilize media & materials), 학습자 참여요구(Require learners participation), 평가와 수정(Evaluate & revise)을 의미한다.

9 ①

정치활동은 학생의 교육활동이나 진로 · 직업에 필요한 조력 활동으로 적재적소 배치를 지향한다.
㉡ 조사활동 ㉣ 추수활동

10 ③

엘리스의 합리적 · 정서적 상담이론은 인간의 사고과정, 특히 신념이 인간활동을 움직이는 가장 큰 원동력이 된다는 이론이다.

① 로저스의 비지시적 상담에 대한 설명이다.
② 프로이드의 정신분석학적 상담에 대한 설명이다.
④ 교류분석이론에 대한 설명이다.

11 ④

㉠ 고전검사이론에 의한 문항변별도는 문항의 정답여부와 검사총점간의 양분상관계수에 의하여 추정된다. 이론적 범위는 -1에서 +1의 범위를 지니며 값이 클수록 문항의 변별력은 높다 할 수 있다.

ⓒ 고전검사이론은 문항곤란도나 문항변별도와 같은 문항통계치가 어떤 피험자 집단에서 산출되었는가에 따라 그 값이 달라지며, 피험자의 능력비교도 어떤 집단을 사용하는가에 따라 영향을 받게 된다는 한계를 지닌다.

12 ②
ⓛ 콜버그의 도덕성 발달이론은 도덕적 사고에 대해 보다 고차원적이고 복잡한 사고방식을 접하면서 타인과의 관계 속에서 자신의 사고를 점검·평가할 수 있다고 보았다.
ⓒ 타인으로부터 도덕적이라고 인정받는 것을 중시하는 시기는 3단계로 착한 아이 지향적인 특성을 갖는 시기이다. 5단계는 사회계약 및 법률복종으로서의 도덕성을 강조한다.

13 ②
ⓛⓛ은 학교교육에 대한 갈등론적 관점이다.

14 ③
① 젠슨은 환경적 요인이 아닌 유전적 요인 때문에 소수 인종의 학업성취가 낮다고 주장한다.
② 콜만은 학습자의 가정 배경이 학교 시설·자원보다 학업성취에 더 큰 영향을 미친다고 주장하였다.
④ 번스타인은 노동자 계층 자녀의 학업성취가 낮은 이유는 가정에서 정교한 언어 코드가 아닌 제한된 언어 코드를 사용하기 때문이라고 주장한다.

15 ①
평생교육기관〈평생교육법 제2조 제2호〉
ⓛ 이 법에 따라 인가·등록·신고된 시설·법인 또는 단체
ⓛ 「학원의 설립·운영 및 과외교습에 관한 법률」에 따른 학원 중 학교교과교습학원을 제외한 평생직업교육을 실시하는 학원
ⓒ 그 밖에 다른 법령에 따라 평생교육을 주된 목적으로 하는 시설·법인 또는 단체

16 ①
• 문하생학력인정제 : 중요무형문화재인 전통예술과 전통기능의 예능과 기능보유자들의 전승자 양성을 위한 정책으로 예능과 기능보유자의 문하생들에게 학력과 학위를 인정하는 제도이다.

• 독학학위제 : 「독학에 의한 학위취득에 관한 법률」에 의거하여 국가에서 실시하는 학위취득시험에 합격한 독학자에게 학사학위를 수여함으로써 평생교육의 이념을 구현하고 개인의 자아실현과 국가사회의 발전에 이바지하는 것을 목적으로 하는 제도이다.

17 ④
F. W. Taylor 등에 의해 대표되는 과학적 관리학파는 '절약과 능률'을 행정의 가장 중요한 가치기준으로 삼고, 정치-행정 분리론을 토대로 하여 행정 고유영역의 활동을 규율하는 과학적 원리와 합리적인 관리기법을 본격적으로 탐구하였다.
④ 교사와 학교장이 고유영역에서 자신의 책임을 다하는 것은 과학적 관리론을 학교 상황에 적용한 것이라고 볼 수 있다.

18 ③
③ 교환적 지도성이 지도자가 부하에게 순종을 요구하고 그 대가로 보상을 제공하는 반면, 변혁적 지도성은 지도자가 부하의 잠재 능력을 계발하도록 도움을 주고 내재적 만족감을 갖게 한다.

19 ②
① 정직 처분을 받은 자는 그 기간 중 공무원의 신분은 보유하나 직무에 종사하지 못하며 보수는 전액을 감한다.
③ 해임된 자는 공무원 관계로부터 배제되고 3년간 공무원 임용이 금지된다.
④ 파면된 자는 공무원 관계로부터 배제되고 5년간 공무원 임용이 금지된다.

20 ②
① 학교의 장은 회계연도마다 학교회계 세입세출예산안을 편성하여 회계연도가 시작되기 30일 전까지 학교운영위원회에 제출하여야 한다〈초·등교육법 제30조의3 제2항〉.
③ 학교회계의 회계연도는 매년 3월 1일에 시작하여 다음 해 2월 말일에 끝난다〈초·등교육법 제30조의3 제1항〉.
④ 학교발전기금으로부터 받은 전입금은 학교회계의 세입으로 할 수 있다.

1 ①

구성주의 학습이론은 지식에 관한 새로운 관점 즉, 지식은 개인과 독립적으로 존재하는 것이 아니고 환경과의 상호작용을 통해 개인에 의해 구성된다는 점을 강조하는 이론이다.
① 행동주의 학습이론에 대한 설명이다.

※ 구성주의 학습이론의 특징
　㉠ 구성주의는 지식의 절대성이 아닌 지식의 상대성을 강조한다.
　㉡ 구성주의에서 지식은 유기체의 적극적인 구성에 의한 것이다.
　㉢ 구성주의에서는 경험의 실재의 구성으로서의 지식을 의미한다.
　㉣ 구성주의에서 교사는 지식의 전달자가 아니라 학습의 안내자 · 촉진자 · 환경 조성자이다.
　㉤ 구성주의에서 지식은 경험을 개인적으로 해석한 것이므로 결코 다른 사람에게 완전한 형태로 전달될 수 없다.

2 ①

제시된 내용은 교수매체에 대한 설명이다.
※ 교수매체의 분류
　㉠ 상징체계에 따른 분류

구분	내용		예
시각매체	시각적 방법에 의해 제시하는 매체	투사	슬라이드, OHP 등
		비투사	실물, 모형, 사진, 그림 등
청각매체	청각적 방법에 의해 제시하는 매체		라디오, 녹음기 등
시청각매체	시각과 청각을 동시에 자극하는 매체		VTR, TV, 영화 등
상호작용매체	매체와 사용자의 상호작용을 강조하는 매체 (학습자의 반응 감지 → 피드백 제공)		CAI, 상호작용비디오, 쌍방형 TV 등

　㉡ 데이터의 속성에 따른 분류
　• 아날로그매체 : 자연에서 생성된 파장을 그대로 재현한 것을 속성으로 하는 전달 매체로 TV, 라디오, 슬라이드, 녹음기 등 전통적인 시청각매체
　• 데이터매체 : 컴퓨터를 기반으로 하는 모든 매체로 컴퓨터, 디지털 카메라, 디지털 비디오, 디지털 TV, 인터넷 등

3 ②

피아제는 인간의 지적 행동을 환경에 대한 순응이라고 보았으며, 이 순응은 동화와 조절이라는 두 가지의 보충적 과정을 통해서 이루어진다고 했다. 즉, 인지 주체가 외적 상황과 불일치 상황에 직면할 때 자신의 인지를 조정하고 변형하여 다시 평형 상태로 돌아가는 것이다.
㉠ 동화 : 이미 학습된 지식과 능력을 이용하여 상황에 순응하는 과정
㉡ 조절 : 어떤 문제가 기존의 지식을 적용하여 해결이 안될 때, 기존 지식체계를 변화시키는 과정

4 ③

③ 진보주의 교육협회는 1919년 스탠우드 코브가 주도하여 설립된 진보적 성향의 교육단체이다. 허친스는 미국의 실용주의적 직업교육을 비판하며 자유인 양성을 목표로 한 고전 중심의 새로운 교육이론과 방법을 제창하였다.

5 ①

P. 잭슨은 그의 저서 「교실에서의 생활」에서 잠재적 교육과정에 해당하는 현상을 관찰하고 군집성, 상찬, 권력구조 등의 학교 특성이 학생들의 삶에 미치는 영향력을 제시하였다.
② F. 보빗 : 저서 「교육과정」에서 '교육과정'이라는 단어와 개념을 제시하였다.
③ P. 프레리 : 저서 「피억압자의 교육학」에서 문제제기식, 대화식 민중교육을 통한 피억압자의 의식화와 의식적 실천인 프락시스를 통해 사회 전체의 해방을 주장했다.
④ G. 위긴스 : 수행평가 분야의 핵심적인 개념으로 볼 수 있는 '실제 상황에서의 수행'의 개념을 처음으로 주장하였다.

6 ④

① 학교회계의 회계연도는 매년 3월 1일에 시작하여 다음해 2월 말일에 끝난다〈초 · 중등교육법 제30조의3(학교회계의 운영) 제1항〉.

②④ 학교회계는 국가의 일반회계나 지방자치단체의 교육비 특별회계로부터 받은 전입금, 학교운영위원회 심의를 거쳐 학부모가 부담하는 경비, 학교발전기금으로부터 받은 전입금, 국가나 지방자치단체의 보조금 및 지원금, 사용료 및 수수료, 이월금, 물품매각대금, 그 밖의 수입을 세입으로 한다〈초·중등교육법 제30조의2(학교회계의 설치) 제2항〉.

③ 학교의 장은 회계연도마다 학교회계 세입세출예산안을 편성하여 회계연도가 시작되기 30일 전까지 제31조에 따른 학교운영위원회에 제출하여야 한다〈초·중등교육법 제30조의3(학교회계의 운영) 제2항〉.

7 ②

인간중심 상담이론은 개인 심리치료에서 일반적으로 받아들여 왔던 지시적이고 분석적 접근에 대한 반동으로 창안된 이론으로, 모든 내담자가 자기 자신의 중요한 일들을 스스로 결정하고 해결할 수 있는 능력을 가지고 있음을 강조한다.

② 인간중심 상담이론은 내담자의 자기 성장을 향한 잠재력이 발현될 수 있는 분위기를 조성하는 데 목적을 두고, 개입방향에 대한 일차적인 책임이 내담자에게 있도록 내담자의 문제에 대해 과거보다는 '지금-여기'를 강조한다.

8 ③

ⓒ 교육감은 시·도의 교육·학예에 관한 사무의 집행기관으로 시·도에 둔다.

※ 교육감의 관장사무〈지방교육자치에 관한 법률 제20조〉
   ㉠ 조례안의 작성 및 제출에 관한 사항
   ㉡ 예산안의 편성 및 제출에 관한 사항
   ㉢ 결산서의 작성 및 제출에 관한 사항
   ㉣ 교육규칙의 제정에 관한 사항
   ㉤ 학교, 그 밖의 교육기관의 설치·이전 및 폐지에 관한 사항
   ㉥ 교육과정의 운영에 관한 사항
   ㉦ 과학·기술교육의 진흥에 관한 사항
   ㉧ 평생교육, 그 밖의 교육·학예진흥에 관한 사항
   ㉨ 학교체육·보건 및 학교환경정화에 관한 사항
   ㉩ 학생통학구역에 관한 사항
   ㉪ 교육·학예의 시설·설비 및 교구(敎具)에 관한 사항
   ㉫ 재산의 취득·처분에 관한 사항
   ㉬ 특별부과금·사용료·수수료·분담금 및 가입금에 관한 사항
   ㉭ 기채(起債)·차입금 또는 예산 외의 의무부담에 관한 사항

ⓐ 기금의 설치·운용에 관한 사항
ⓑ 소속 국가공무원 및 지방공무원의 인사관리에 관한 사항
ⓒ 그 밖에 당해 시·도의 교육·학예에 관한 사항과 위임된 사항

9 ③

행동주의 학습과 사회인지학습의 유사점으로는 강화, 벌, 피드백을 강조한다는 점이 있다.

③ 행동주의 학습은 강화와 벌이 행동을 유발한다고 보지만, 사회인지학습은 강화와 벌이 기대를 유발해 이것이 행동의 변화를 가져온다고 본다.

10 ②

② 국립·공립 학교의 설립자·경영자와 의무교육대상자의 교육을 위탁받은 사립학교의 설립자·경영자는 의무교육을 받는 사람으로부터 수업료와 학교운영지원비를 받을 수 없다〈초·중등교육법 제12조(의무교육) 제4항〉.

11 ④

워커는 교육과정 개발과정의 관찰을 통하여 타일러의 합리적 교육과정 개발모형 대로 진행되지 않음을 발견하고, 실제로 교육과정 개발과정에서 무엇을 하는지를 구체적으로 제시한 실제적 교육과정 개발모형을 제시하였다. 워커의 실제적 교육과정 개발모형은 강령→숙의→설계 단계로 진행된다.

12 ①

제시된 내용은 조선 후기의 실학자 정약용이 아동의 한자 학습을 위하여 엮은 문자교육용 교재인 「아학편」에 대한 설명이다.

② 성학집요 : 조선 중기의 학자 이이가 1575년 제왕의 학문 내용을 정리해 바친 책으로 「율곡전서」에 실려 있다.

③ 격몽요결 : 1577년 이이가 학문을 시작하는 이들을 가르치기 위해 편찬한 책이다.

④ 학교모범 : 1582년 대제학으로 재임하던 이이가 선조의 명에 의하여 지은 교육 규칙으로, 선비의 몸가짐과 일해 나가는 준칙을 담고 있다.

13 ②

근접발달영역(ZPD : Zone of Proximal Development) ··· 비고츠키(L. Vygotsky)가 지능 검사는 아동의 잠재력의 측정과 거리가 멀기 때문에 발달 가능성을 고려하여 평가·교육하는 것이 중요하다고 강조하기 위해 사용한 개념으로, 아동이 타인의 도움 없이 스스로 문제를 해결할 수 있는 실제적 발달 수준과 또래나 성인이 도움을 주면 문제를 해결할 수 있는 잠재적 발달 수준 사이의 이론적인 영역을 의미한다.

① 비계 : Vygotsky는 아동의 인지발달은 자기 문화 속에서 보다 성숙한 구성원과 상호작용을 통해 일어난다고 믿고, 아동의 인지발달을 위한 지원 단서를 제공하고 격려해 주는 비계 설정을 강조하였다.

③ 내면화 : Vygotsky에 따르면, 내면화란 역사와 더불어 창조되고 변형된 사회적 지식이 원래는 개인 밖의 사회에 외재하고 있다가 개인 간 상호작용을 통해 개인의 의식 세계에 내재하게 되는 것을 의미한다. 즉, 외적 지식이 개인화되어 재구성되는 과정을 의미한다.

④ 메타인지 : 자신의 인지과정에 대해 생각하여 자신이 아는 것과 모르는 것을 자각하는 것과 스스로 문제점을 찾아내고 해결하며 자신의 학습과정을 조절할 줄 아는 인지능력을 말한다.

14 ④

④ 국가평생교육진흥원에서는 독학위제, 학점은행제, 평생학습계좌제를 운영하고 있다. 내일배움카드제는 고용노동부에서 운영한다.

15 ③

교원〈교육기본법 제14조〉
㉠ 학교교육에서 교원의 전문성은 존중되며, 교원의 경제적·사회적 지위는 우대되고 그 신분은 보장된다.
㉡ 교원은 교육자로서 갖추어야 할 품성과 자질을 향상시키기 위하여 노력하여야 한다.
㉢ 교원은 교육자로서의 윤리의식을 확립하고, 이를 바탕으로 학생에게 학습윤리를 지도하고 지식을 습득하게 하며, 학생 개개인의 적성을 계발할 수 있도록 노력하여야 한다.
㉣ 교원은 특정한 정당이나 정파를 지지하거나 반대하기 위하여 학생을 지도하거나 선동하여서는 아니 된다.
㉤ 교원은 법률로 정하는 바에 따라 다른 공직에 취임할 수 있다.
㉥ 교원의 임용·복무·보수 및 연금 등에 관하여 필요한 사항은 따로 법률로 정한다.

16 ②

제시된 내용은 갈등론적 교육이론과 관련된 주장이다.
② 구조기능주의는 기능론적 교육이론이다.
※ 갈등주의 교육이론
㉠ 경제적 재생산이론(보울스와 진티스) : 학교는 학교 내의 사회관계와 경제구조의 사회관계와의 일치를 통해 경제적 생산관계를 재생산하며 불평등한 사회 분업구조를 재생산한다.
㉡ 문화적 헤게모니이론(애플) : 학교의 교육과정에는 지배집단의 의미와 가치의 체계 즉, 헤게모니가 깊숙이 잠재되어 있으므로, 학교는 문화적 이념적 헤게모니의 매개자로서 보이지 않는 가운데 사회를 통제한다.
㉢ 문화재생산이론(브르디외) : 학교 교육이란 것은 결국 불평등한 문화자본을 가진 사회계급을 재생산하고, 이를 정당화하기 위한 계급 '아비투스'를 내재화시키는 상징적 폭력을 행사한다.
㉣ 교육자율이론(번쉬타인) : 교육은 지나치게 경제적 생산관계와 밀착될수록 그 자율성은 잃게 되고, 교육과 생산의 관계가 구분될 때 교육의 자율성은 누리게 되어 교육이 형성되고 정당화된다.
㉤ 저항이론(윌리스) : 노동계급 학생들이 집단적으로 형성한 저항문화는 교육과 직업지위의 획득에 심층적 영향을 미치며, 바로 그러한 경로를 통해 지배적 사회질서인 자본주의 제도가 재생산된다.

17 ②

교육평등
㉠ 기회 허용의 평등 : 모든 사람이 교육받을 기회 허용
㉡ 기회 보장의 평등 : 취학을 위해 경제, 지리, 사회적 장애 제거
㉢ 교육 조건의 평등 : 누구나 같은 조건에서 교육받을 권리
㉣ 교육 결과의 평등 : 학업성취의 평등을 위한 보상교육 등 적극적인 조치

18 ③

① 스파르타에서는 군사교육과 군대훈련의 비중이 컸다. 신체와 영혼의 균형을 교육의 목적으로 추구한 것은 아테네이다.
② 로마시대 초기에는 주로 가정교육을 했었고 부모가 원한다면 사학에서 가르쳤다. 그러나 제정시대 말기에 들어서서 국가가 중등, 고등 교육기관을 후원하기 시작하였다.
④ 조교법은 학생들끼리 서로 가르치는 집단교육법이다.

19 ③

표준화 검사 도구는 검사의 실시와 채점 그리고 결과의 해석이 동일하도록 모든 절차와 방법을 일정하게 만들어 놓은 검사이다.

③ 표준화 검사는 표본집단의 점수를 기초로 규준이 만들어진 검사이므로 개인의 점수를 규준에 맞추어 해석, 비교하는 것이 가능하다. 즉, 상황에 맞춰 융통성 있게 변경해서는 안 된다.

20 ④

④ 2015 개정 교육과정에서는 초등학교 1~2학년의 수업시수를 주당 1시간 늘려 창의적 체험활동 시간으로 확보하고, 늘어난 시간을 활용하여 '안전한 생활'을 운영한다.

2017. 6. 17
교육행정직 시행

---

1 ③

피터스는 '교육이란 헌신할 가치가 있는 활동 또는 사고와 행동 양식으로 사람들을 입문시키는 성년식이다'고 하였다. 피터스의 논의에 근거하여 교육의 정의를 보면 교육은 내재적으로 가치 있는 내용을 도덕적으로 온당한 방법으로 전달하는 과정 또는 전달받은 상태를 가리킨다. 특히 인간의 인지적 변화를 중시한다.

2 ②

② 위인지학은 율곡 이이의 주장이다. 퇴계 이황은 위기지학을 주장하였다.

※ 위기지학(爲己之學)과 위인지학(爲人之學)

　　ㄱ 위기지학 : 자신의 인격 수양, 즉 참된 나를 밝히는 수신(修身) 목적의 학문

　　ㄴ 위인지학 : 세상 사람들을 위해 사용하기 위한 목적의 학문

3 ①

제시된 내용은 비판이론의 영향하에서 형성된 비판적 교육철학에 대한 설명이다.

※ 프랑크푸르트 학파는 자본주의 사회의 문화와 이데올로기를 연구하여 현대사회의 문제를 비판의 대상으로 삼아 이를 변화시키는 일에 관심을 갖는다. 비판이론은 현대사회 문제의 책임을 개인이 아닌 사회체제에 두고 이를 해결하기 위한 실천적 과제를 제시하였다. 비판이론은 사회현상을 역사적 산물로 보고 정치, 경제, 문화 등 전체적인 관계의 맥락에서 파악하는 방법을 추구한다.

4 ①

① 문예부흥기의 인문주의 교육사상은 풍부한 인문적 교양의 습득을 통한 자아실현과 사회 및 인류의 발전과 복지향상에 목적을 두었다. 중세적 적신으로부터 해방을 중시하고 고대 그리스·로마의 자유교육의 이상을 계승하였다.

② 17세기 실학주의 교육사상에 대한 설명이다.

5 ②

제시된 내용은 소크라테스의 반어법에 대한 설명이다. 반어법은 반어적 파괴의 단계로서 질문과 심문을 통해 학습자로 하여금 지식의 그릇됨, 즉 스스로의 무지를 깨우쳐 학습자를 무의식적 무지에서 의식화된 무지로 끌어올리는 단계이다.

6 ③

타일러는 교육목표 설정의 기본적인 자원으로 학습자, 사회, 교과, 철학, 심리학을 들고 있다. 교과전문가의 제언으로부터 잠정적인 목표를 구성한 다음 이것이 학습심리학교 교육철학의 체를 통해 걸러지면서 명세적 교육목표가 수립되는 것이다. 이처럼 교육목표를 설정하기 위해서는 그 사회의 전통, 문화뿐만 아니라 사회의 요구에 대한 분석과 학습자의 발달단계에 따른 심리적 특성과 관심 교과에서의 기본적인 내용과 교과의 최근 동향에 대한 분석이 이루어져야 한다.

7 ④

㉮ 영 교육과정 : '영(null)'은 '법적인 구속력이 없다'라는 의미를 가지며 영교육과정은 법적 구속력이 있는 공적인 문서에 들어 있지 않아서 학교에서 가르치지 않는 교육내용이다. 학교에서 소홀히 하거나 공식적으로 가르치지 않는 교과나 지식, 가치, 태도, 사고양식을 말하며 동의어로 배재적 교육과정이 있다. 특정 사회의 역사·문화·정치적 배경으로 인하여 학교나 교사가 고의적으로 가르치지 않는 금기시하는 교육내용도 포함한다.

(나) 공식적 교육과정 : 교육적인 목적과 목표에 따라 분명하게 의도되고 계획된 교육과정이다. 표면적 교육과정이라고도 하고 바람직한 가치를 지향하고 있다. 국가 수준의 교육과정 기준을 담은 문서, 시도교육청의 교육과정 지침, 지역 교육청의 장학 자료, 교과서 등이 이에 해당된다.

(다) 잠재적 교육과정 : 공식적 교육과정에서 의도하거나 계획하지 않았음에도 수업 또는 학교의 관행으로 학생들이 은연중에 배우게 되는 가치, 태도, 행동양식으로 경험된 교육과정이다. 비공식적 교육과정이라고 부르며, 학생들의 정의적인 영역과 관련이 많다. 의도와는 다르게 학생들에게 영향을 주기 때문에 바람직한 것과 바람직하지 못한 것도 포함한다.

8 ①
플립드 러닝(flipped learning) … 온라인을 통한 선행학습 뒤 오프라인 강의를 통해 교수와 토론식 강의를 진행하는 역진행 수업 방식

9 ④
가네의 수업이론은 목표에 따라 학습조건이 다름을 주장하여 가네의 이론을 목표별 수업이론 또는 학습조건적 수업이론이라고 부른다. 목표별 수업이론모형에서 학습의 성과는 학습의 결과 얻어지는 대상 또는 목표로 지적기능, 인지전략, 언어정보, 운동기능, 태도가 있다.

구분		내용
인지적 영역	언어정보	사물의 명칭이나 사실들을 아는 능력
	지적기능	어떤 과제를 수행하는 데 필요한 다양한 과정을 수행하는 능력
	인지전략	학습방법, 사고방법을 독자적으로 개발하는 사고전략
정의적 영역	태도	정신적 상태
심동적 영역	운동기능	인간의 심리운동기능

10 ①
① 피아제의 견해이다. 비고츠키는 아동의 혼잣말이 사회적 능력에도 도움이 될뿐더러 자기조절을 향하는 중간 단계로 보았다.

11 ②
② 체계적 둔감법은 Wolpe가 상호제지 원리에 따라 공포나 불안을 제거하기 위하여 제시한 행동치료법이다. 공포와 불안을 일으키는 자극에서 이완상태를 끌어 낸 다음 작성된 불안위계에 따라 불안이나 공포상태를 경험하게 하여 혐오 자극에 의해 유발된 불안 혹은 공포자극의 영향을 감소 및 둔감시키는 방법을 말한다.

12 ①
① 총괄평가 : 일정한 양의 학습과제나 교과가 끝난 다음에 실시하는 평가로, 학생의 학업성취의 수준을 총합적으로 판정하고 평점을 주기 위해 실시한다.
② 형성평가 : 학습 및 교수가 진행되는 유동적인 상태에 있는 도중에 학생에게 학습곤란을 교정하고 송환 효과를 주며, 교과과정을 개선하고, 수업방법을 개선하기 위하여 실시하는 평가이다.
③ 능력참조평가 : 학생들이 자신의 능력 수준에서 얼마나 최선을 다하였가에 초점을 두는 평가방법이다.
④ 성장참조평가 : 일련의 교수-학습 과정을 통한 성장과 변화에 관심을 두며, 초기 능력 수준에 비해 얼마만큼 능력의 향상을 보였느냐를 강조하는 평가방법이다.

13 ②
ⓒ 무선오차는 측정의 과정에서 통제되지 않은 요인들에 의하여 우연하게 발생되는 오차로, 무선오차가 크면 신뢰도가 떨어진다.
ⓒ 채점자 신뢰도에 대한 설명이다.

14 ④
부호화 전략이란 정보를 보다 쉽게 회상할 수 있도록 학습자의 인지구조의 틀에 정보를 연관시키는 것을 의미하는데, 이러한 과정은 일련의 단서를 제공함으로써 회상이 쉽게 일어나게 한다. 부호화를 촉진하기 위한 전략으로 새로운 정보를 기존의 지식과 관련짓는 정교화와 수집된 정보의 군집화, 개별적 정보를 범주나 유형으로 묶는 조직화, 정보를 시각적인 형태인 그림으로 저장하는 심상 등이 있다.
※ 정보처리이론 … 인간의 지각현상, 학습현상, 기억현상 등을 컴퓨터의 정보처리모형에 비추어 이해하고 설명하는 이론으로 인간의 정보처리 과정을 환경적 자극의 부호화(기억에 입력) → 저장(기억에 보관) → 인출(기억으로부터 회상)의 3단계로 설명한다.

15 ③

보상적 교육평등관은 교육받은 결과가 같아야 진정한 교육의 평등이 실현된다는 입장으로, 학업성취의 평등을 위한 보상교육 등 적극적인 조치를 주장한다.
㉠ 교육 기회의 평등
㉣ 교육 조건의 평등

16 ③

J. 콜만에 의하면 사회자본은 가정, 학교, 지역사회 내 구성원들 간 관계 구조 속에 존재하며, 특정 행위를 촉진하는 연결망을 의미한다. 콜만은 자본을 물적 자본, 인간자본, 사회자본으로 구분하고, 사회자본의 대표적인 형태로 구성원 간 의무와 기대, 사회조직 내에 존재하는 신뢰, 유용한 정보교환, 지역사회 내의 규범과 제재, 권위관계, 의도적 사회조직 등을 들었다.

17 ②

파울로 프레이리의 그의 저서 「Literacy : Reading the Word and the World」에서 문해교육의 이론과 실천을 강조하며 '문해' 이론과 실천을 어떻게 정의할 수 있는가, 실천현장에서 어떻게 응용할 수 있는가에 대해 언급하였다.
① 일리치는 그의 저서 「Deschooling Society」에서 진정한 교육을 위해서 기존의 학교제도를 대신할 '학습을 위한 네트워크'의 필요성을 언급했다.
③ 노울즈는 자기주도학습을 강조했다.
④ 메지로우는 전환학습을 주장하였다.

18 ③

③ 강임이란 같은 종류의 직무에서 하위 직위에 임용하는 것을 말한다.

19 ④

합법성의 원리는 모든 행정은 법에 의거하고 법이 정하는 범위 내에서 이루어지는 것을 원칙으로 한다는 것이다.

20 ②

ⓒ 학부모위원은 민주적 대의절차에 따라 학부모 전체회의를 통하여 학부모 중에서 투표로 선출한다. 이 경우 학부모 전체회의에 직접 참석할 수 없는 학부모는 학부모 전체회의 개최 전까지 가정통신문에 대한 회신, 우편투표 등 위원회

규정으로 정하는 방법 및 절차에 따라 후보자에게 투표할 수 있다〈초 · 중등교육법 시행령 제59조(위원의 선출 등) 제2항〉.

**2018. 4. 7
인사혁신처 시행**

---

1 ②

제시된 내용은 뒤르껭의 교육관인 보편적 사회화와 특수 사회화에 관련된 설명이다. 뒤르껭은 교육의 본질을 사회의 구성원을 그 사회에 적합한 존재로 만드는 사회화 기능에서 찾았으며, 정치 사회(보편적 사회화)와 특수 환경(특수 사회화) 양편에서 요구하는 지적, 도덕적, 신체적 특성을 육성 · 계발하는 데 있다고 보았다.

2 ③

③ 정신분석 상담은 아동기의 경험과 무의식이, 행동주의 상담은 아동이 처한 환경이 인간의 행동에 전적으로 영향을 준다고 보는 결정론적 관점을 가진다.
① 정신분석 상담은 과거 경험을 중시하며 행동주의 상담은 현재 행동의 변화를 중시한다.
② 인간중심 상담에 대한 설명이다. 정신분석 상담과 행동주의 상담은 상담자의 인간적 자질과 진솔한 태도보다 상담기법을 중시한다.
④ 합리정서행동치료(REBT)에 대한 설명이다.

3 ②

① 정서 및 행동장애에 대한 설명이다.
③ 지적장애(정신지체)에 대한 설명이다.
④ 학습부진에 대한 설명이다.

4 ①

① 랭그랑은 학교교육과 학교 외 교육의 시간적 · 공간적 통합을 강조하며, 평생교육을 개인의 출생에서 무덤에 이르는 생애에 걸친 교육과 사회 전체 교육의 통합이라고 정의한다.

5 ③

모두 Z점수로 환산하여 비교하거나 정규분포상의 위치로 비교할 수 있다.

② 백분위 90은 Z점수 +1.0에서 +2.0 사이로 약 +1.2점이다.

③ T점수 60을 Z점수로 환산하면 60 = 50 + 10Z이므로 +1점이다.

④ 스테나인 2등급의 경우 8점이므로 Z점수로 환산하면 8 = 5 + 2Z이므로 +1.5점이다.

※ 정규분포상 규준점수별 위치

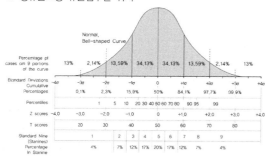

6 ③

③ 에릭슨은 이전 단계에서 실패하거나 완전히 달성하지 못한 과업이 있다면 전 여생을 통하여 되풀이 되어 나타난다고 보았다. 따라서 현 단계에서 직전 단계에서 실패한 과업을 해결할 수 있다고 본다.

7 ④

④ 의사소통 저해는 관료제의 특성 중 권위적 계층성에서 오는 역기능이다. 경력지향성에서 오는 역기능은 업적과 연공제 간의 갈등이다.

8 ①

① 학교운영위원회의 위원 수는 5명 이상 15명 이하의 범위에서 학교의 규모 등을 고려하여 대통령령으로 정한다〈초·중등교육법 제31조(학교운영위원회의 설치) 제3항〉.

9 ③

① 자유학기제 기간에는 중간고사, 기말고사 등의 지필평가를 실시하지 않는 대신 수행평가 등 과정중심의 평가를 실시한다.

② 2013년도에 연구학교에서 시작되었고, 2016년도부터 모든 중학교에서 시행되었다.

④ 중학교의 장은 학기 중 한 학기 또는 두 학기를 자유학기로 지정하여야 한다. 이 경우 지정 대상 학기의 범위 등 자유학기의 지정에 관한 세부 사항은 교육부장관이 정한다〈초·중등교육법 시행령 제44조(학기) 제3항〉.

10 ②

② 단위비용이란 기준재정수요액을 산정하기 위한 각 측정단위의 단위당 금액을 말한다〈지방교육재정교부금법 제2조(정의) 제4호〉.

11 ③

③ 감각적 실학주의는 감각적 지각을 기초로 한 교육을 강조하면서 자연과학적 지식과 연구방법을 교육에 도입하고자 하였다. 따라서 스콜라주의·인문주의 교육의 비현실적 개념이나 관념 대신에 자국어·자연과학·사회과학의 실제적인 국면을 중시했으며, 직관교수법, 합자연의 원리에 따라 교육하였다. 이해와 판단을 중시하는 교육방법을 강조한 것은 인문학적 실학주의의 특징이다.

12 ④

콜만은 학생의 가정배경이 학업성취에 미치는 가장 중요한 요인이며, 그 중에서도 사회자본을 강조하였다. 사회자본은 사회적 관계형성과 관련된 것으로 부모의 자녀교육에 대한 관심과 노력, 부모와 자녀 간의 상호작용 등이 대표적이다.

① 재정자본 : 자녀의 학업성취를 지원할 수 있는 부모의 경제적 능력으로 재산, 소득 등이 해당된다.

② 인간자본 : 자녀의 학업성취를 도울 수 있는 부모의 인적 특성으로 부모의 지적 수준 또는 교육 수준 등이 해당한다.

13 ②

㉮ 잠재적 교육과정은 학교에서 교육시킬 의도(계획) 없이 학교의 물리적 조건, 제도 및 행정조직, 사회·심리적 상황을 통하여 학생들이 은연중에 가지게 되는 경험의 총체이다.

㉯ 영 교육과정은 가르칠 만한 가치가 있음에도 불구하고, 공식적 교육과정이나 수업에서 빠져 있는 교육내용으로 교육과정이 갖는 선택과 배제, 포함과 제외라는 특성에서 비롯된 필연적 산물이다.

14 ④

켈러의 ARCS 이론은 교수-학습 상황에서 학습동기를 유발하고 유지시키기 위한 교수학습 전략을 제시하였다.

(가) 학습자의 주의환기(지각적 강성)에 대한 설명으로 주의집중(Attention) 전략의 하나이다.

(나) 성공기회 제시에 대한 설명으로 자신감(Confidence) 전략의 하나이다.

(다) 친밀성과 목적지향성에 대한 설명으로 관련성(Relevance) 전략의 하나이다.

(라) 긍정적 결과 강조에 대한 설명으로 만족감(Satisfaction) 전략의 하나이다.

※ 켈러의 ARCS 이론

동기요소	전략
주의집중 (Attention)	지각적 각성(주의환기), 탐구적 각성, 다양성
관련성 (Relevance)	목적지향성, 필요나 동기와 부합, 친밀성
자신감 (Confidence)	성공기대 제시, 성공기회(성공체험), 자기조절감
만족감 (Satisfaction)	내·외재적 보상, 공정성

15 ①

학습의 성과는 학습의 결과로 얻어지는 대상 또는 목표로 지적기능, 인지전략, 언어정보, 운동기능, 태도의 다섯 가지가 있다.

구분		내용
인지적 영역	지적기능	어떤 과제를 수행하는 데 필요한 다양한 과정을 수행하는 능력
	인지전략	학습방법, 사고방법을 독자적으로 개발하는 사고 전략
	언어정보	사물의 명칭이나 사실들을 아는 능력
정의적 영역	태도	정신적 태도
심동적 영역	운동기능	인간의 심리운동기능

16 ④

고종이 갑오개혁 시기에 반포한 「교육입국조서」는 근대 개혁적 시대흐름에 부합하는 교육의 필요성을 강조하였다. 주요 내용으로는 교육입국사상, 지덕체 삼육론, 실용교육이 있다.

17 ④

④ 요청장학이나 컨설팅장학은 교원 및 학교의 의뢰에 따라 그들이 직무상 필요로 하는 문제와 능력에 관해 진단하고 해결과 계발을 위한 대안을 마련하며 그것을 실행하는 과정을 지원하는 유형으로 외부로부터 이루어지는 장학형태이다.

18 ④

④ Kappa 계수는 두 관찰자 간의 측정 범주 값에 대한 일치치도를 나타내는 지표이다.

19 ④

㉠ 독학학위과정은 교양과정, 전공기초과정, 전공심화과정, 종합시험 등의 4개 인정 시험을 통과하면, 학사학위를 수여하는 제도이다.

㉢ 고등학교 졸업 이상의 학력을 가진 사람이면 누구나 1~3과정(교양과정, 전공기초과정 및 전공심화과정) 시험에 자유롭게 응시가 가능하다. 단, 학사학위 취득을 위한 마지막 과정인 학위취득 종합시험에 응시하기 위해서는 1~3과정 시험에 모두 합격(면제)하거나, 학위취득 종합시험 응시 자격에 충족해야 한다.

20 ①

피터스는 교육의 개념을 규범적, 인지적, 과정적의 3가지 준거로 구분하였다.

㉡ 과정적 준거 ㉢ 인지적 준거

2018. 5. 19
교육행정직 시행

---

1 ①

제시된 내용은 플라톤의 『국가론』과 관련된 내용이다. 플라톤은 제1계급인 통치자 계급과 제2계급인 군인계급에게만 교육이 필요하다고 주장하였으며, 통치자 계급에게 있어 지혜와 이성의 덕이 가장 중요하다고 하였다. 서민교육을 등한시했다는 비판을 받는다.

2 ④

제시된 글에서 학교장은 교과보다 학생에게 관심을 기울이고 있다. 이는 실존주의 교육철학의 교육원리로, 실존주의 교육철학은 개인의 중요성과 전인교육, 인격교육 등을 강조한다.

3 ④

감각적 실학주의는 감각적 지각을 기초로 한 교육을 강조하면서 자연과학적 지식과 연구방법을 교육에 도입하고자 하였다. 따라서 스콜라주의 · 인문주의 교육의 비현실적 개념이나 관념 대신에 자국어 · 자연과학 · 사회과학의 실제적인 국면을 중시했으며, 직관교수법, 합자연의 원리에 따라 교육하였다.

4 ④

① 성균관은 유교의 보급과 고급관리의 배출 등을 목적으로 한 교육기관으로 사서오경의 구재지법을 주 과정으로 하며 대학, 논어, 맹자, 중용, 서, 시, 춘추, 예기, 역 등을 편성하여 가르쳤다.

ⓒ 세종 4년(1422년)부터 한 달에 두 번 공식 휴가(8일, 23일)가 주어졌는데, 부모님을 찾아가거나 빨래를 하며 휴식을 취했다. 그러나 활쏘기와 장기, 바둑, 사냥, 낚시 등의 놀이는 금지됐다.

5 ①

국가 · 지방자치단체와 공공기관의 장 또는 각종 사업의 경영자는 소속 직원의 평생학습기회를 확대하기 위하여 유급 또는 무급의 학습휴가를 실시하거나 도서비 · 교육비 · 연구비 등 학습비를 지원할 수 있다〈평생교육법 제8조(학습휴가 및 학습비 지원)〉.

6 ②

파이너는 학교교육의 비인간화와 소외현상을 비판하면서 교육의 목표를 인간의 해방에 두었으며, 교육과정이란 교육 속에서 개인들이 갖는 경험의 의미와 성질을 탐구하는 것이라고 하였다. 파이너가 주장한 쿠레레란, 외부로부터 미리 마련되어 아동들에게 일방적으로 주어지는 내용이 아니라 아동 개개인이 교육활동 속에서 갖는 경험의 본질이다.

※ 쿠레레의 4단계
  ① 회귀 : 자신의 실존적 경험을 회상하면서 과거를 현재화하는 단계
  ⓒ 전진 : 자유연상을 통해 미래에 대해 상상하는 단계

  ⓒ 분석 : 자기성찰을 통해 과거 - 현재 - 미래를 연결하고 분석함으로써 자신의 삶을 분석하는 단계
  ⓔ 종합 : 지금 현재 내면의 목소리에 귀를 기울이고, 자신에게 주어진 현재의 의미를 자문하는 단계

7 ④

반분검사신뢰도란, 하나의 검사를 실시한 후에 두 개의 동형검사를 동시에 실시하였다고 보고, 한 검사를 두 개의 동등한 부분으로 나누어 따로 채점하여 두 개의 반분된 검사 간의 상관관계를 얻은 후, 이를 전체검사에서 기대되는 상관관계로 수정한 신뢰도이다. 따라서 동형검사 신뢰도에서와 마찬가지로 어떻게 한 검사를 두 개의 동등한 부분으로 나눌 것이냐가 문제가 되는데, 이 점에 있어서는 문항분석을 통해 문항 간 동질성이 높도록 나누는 것이 가장 바람직하나 시간상의 문제 등으로 전후반분법 등을 주로 사용한다.

8 ②

① 고등학교 통합사회는 행복, 자연환경, 생활공간, 인권, 시장, 정의, 인구, 문화, 세계화 등 9개 대주제로 구성되었다. → 2015 개정 교육과정
ⓒ 고등학교 통합과학은 물질과 규칙성, 시스템과 상호작용, 변화와 다양성, 환경과 에너지 등 4개 대주제로 구성되었다. → 2015 개정 교육과정
ⓒ 초등 1~2학년은 64시간(주당 1시간)을 체험 중심의 「안전한 생활」을 운영하고, 3~6학년은 체육, 실과 등 관련 교과에 '안전' 단원을 신설하였다. → 2015 개정 교육과정
ⓔ 창의적 체험활동은 지나친 교과 지식 위주의 학교 교육 활동에서 벗어나 창의성과 폭넓은 인성교육을 강화하는 다양한 체험중심 교육을 강화하였다. → 2009 개정 교육과정
ⓜ 초등학교 1, 2학년의 통합적 교육과정이 탄생하면서 「우리들은 1학년」이 처음으로 도입되었다. → 제5차 교육과정

9 ③

③ 사회성 측정법은 피험자가 충분히 이해할 수 있는 수준에서 제작되어야 한다. 따라서 문항은 복잡하지 않아야 하며 검사 시간이 너무 긴 것도 바람직하지 않다.

10 ④

제시된 내용은 쾰러의 통찰학습과 관련된 설명으로, 형태주의 학습이론과 관련 있다. 형태주의자들은 학습이란 행동주의자들이 주장하는 것과 같이 밖으로 드러나는 행동의 변화로 관찰되는 것이 아니라, 주어진 요소들과 각각의 인지구조가 상호작용하여 일어난다고 보았다.

11 ③

㉮ 조사활동 : 학생의 가정환경, 학업성취, 지적능력, 적성, 신체적·정신적 건강, 재능, 성격, 종교, 친구관계 등 학생 이해에 필요한 각종 자료를 조사한다.

㉯ 추수활동 : 이미 지도 받았던 학생들에 대해 계속적으로 성장과 발달을 도와 보다 나은 적응을 하도록 점검하는 과정이다.

12 ②

조건형성 원리에 기초한 상담기법은 행동적 영역의 상담기법과 관련 있다.

㉠ 토큰강화에 대한 내용으로 바람직한 행동에 대하여 상표를 주고 일정한 수의 상표가 모이면 그보다 강한 자극으로 바꾸어 주는 강화기법이다.

㉢ 배제된 타임아웃에 대한 내용으로 흔히 별도의 타임아웃 공간에 두거나, 생각하는 의자에 앉히거나 하는 방법을 쓰기도 한다.

13 ③

징계처분 중 퇴학 조치에 대하여 이의가 있는 학생 또는 그 보호자는 퇴학 조치를 받은 날부터 15일 이내 또는 그 조치가 있음을 알게 된 날부터 10일 이내에 제 18조의3에 따른 시·도학생징계조정위원회에 재심을 청구할 수 있다〈초·중등교육법 제18조의2(재심청구) 제1항〉.

14 ①

제시된 내용은 스마트폰, PDA, 태블릿 PC 등을 활용한 학습인 모바일 러닝에 대한 설명이다.

② 플립드 러닝 : 온라인 등을 통한 선행학습 후 오프라인 강의를 통해 교수자와 학습자 간 토론식 강의를 진행하는 역진행 수업

③ 마이크로 러닝 : 5~7분 정도 분량의 한 가지 개념만으로 구성된 콘텐츠를 이용하여 학습하는 방법

④ 블렌디드 러닝 : 오프라인 정규 교육 중 일부를 온라인을 통해 수행하는 교육 방법

15 ④

제시된 내용은 부르디외의 문화재생산이론에 대한 설명이다.

16 ①

① 교사가 설명과 해설 위주로 교과 지식을 전달하고 이에 대한 평가를 실시하여 학습결과를 확인하는 교사 중심의 교수·학습 방법은 다량의 사실을 체계적으로 전달한다는 장점이 있지만, 학습자의 활동기회를 제약하고 고차적인 사고력을 향상시키지 못한다는 단점이 있다.

②③④ 협동학습, 토론학습, 문제해결학습은 학습자 중심의 교수·학습 방법이다.

17 ①

현행 법령상 교육공무원은 크게 교육기관에 근무하는 교원 및 조교, 교육행정기관에 근무하는 장학관 및 장학사, 교육기관·교육행정기관 또는 교육연구기관에 근무하는 교육연구관 및 교육연구사의 3가지로 구분된다.

18 ②

㉠㉡ 수석교사는 교사의 교수·연구 활동을 지원하며, 학생을 교육한다〈초·중등교육법 제20조(교직원의 임무) 제3항〉.

㉢은 교장의 역할이다. 교장은 교무를 통할(統轄)하고, 소속 교직원을 지도·감독하며, 학생을 교육한다〈초·중등교육법 제20조(교직원의 임무) 제1항〉.

19 ③

국가나 지방자치단체는 특별연수계획을 수립하여 교육공무원을 국내외의 교육기관 또는 연구기관에서 일정 기간 연수를 받게 할 수 있다〈교육공무원법 제40조(특별연수) 제1항〉.

※ 연수의 종류와 과정(교원 등의 연수에 관한 규정 제6조 제1항)

㉠ 직무연수

  • 교원능력개발평가 결과 직무수행능력 향상이 필요하다고 인정되는 교원을 대상으로 실시하는 직무연수

  • 그 밖에 교육의 이론·방법 연구 및 직무수행에 필요한 능력 배양을 위한 직무연수

㉡ 자격연수 : 「유아교육법」, 「초·중등교육법」에 따른 교원의 자격을 취득하기 위한 자격연수

20 ①

제시된 내용은 전통적 장학에 해당하는 약식장학과 관련된 내용이다. 약식장학은 단위학교 교장이나 교감이 간헐적으로 짧은 시간 동안 비공식적으로 학급순시나 수업참관을 통하여 교사들의 수업 및 학급경영 활동을 관찰하고 이에 대해 교사들에게 지도·조언을 제공하는 과정을 말한다.

2019. 4. 6
인사혁신처 시행

---

1 ③

교육재정은 교육활동의 지원을 목적으로 하고 있기 때문에 공공성, 수단성, 강제성, 영속성, 비긴요성, 비생산성 등의 특성을 내포한다.

③ 양출제입(量出制入)은 국가 재정계획을 작성할 때 정부가 지출을 미리 정하고 여기에 수입을 맞춘다는 원칙이고, 양입제출(量入制出)은 수입을 미리 계산한 다음 여기에 지출계획을 맞추는 원칙이다. 교육재정은 양출제입(量出制入)이 원칙으로, 정부나 지방자치단체로부터 전입된 예산만 잘 집행하는 것이 교육재정의 특성이다.

2 ④

관료제는 엄격한 권한의 위임과 전문화된 직무의 체계를 가지고 합리적인 규칙에 따라 조직의 목표를 능률적으로 실현하는 조직의 관리운영체제이다.

④ 관료제는 조직의 효율성을 위한 규칙과 절차를 중요시하고, 지나친 업무의 분화로 인해, 자신의 일과 조직체의 다른 구성원으로부터 소외되는 인간 소외의 문제를 초래한다.

3 ②

연수의 종류와 과정(교원 등의 연수에 관한 규정 제6조)
㉠ 연수는 다음의 직무연수와 자격연수로 구분한다.
• 직무연수
– 교원능력개발평가 결과 직무수행능력 향상이 필요하다고 인정되는 교원을 대상으로 실시하는 직무연수
– 그 밖에 교육의 이론·방법 연구 및 직무수행에 필요한 능력 배양을 위한 직무연수

• 자격연수 : 「유아교육법」 제22조(교원의 자격) 제1항부터 제3항까지, 같은 법 별표 1(원장·원감자격기준) 및 별표 2(교사자격기준), 「초·중등교육법」 제21조(교원의 자격) 제1항부터 제3항까지, 같은 법 별표 1(교장·교감 자격기준) 및 별표 2(교사자격기준)에 따른 교원의 자격을 취득하기 위한 자격연수
㉡ 직무연수의 연수과정과 내용은 연수원장(위탁연수를 실시하는 경우에는 위탁받은 기관의 장을 말한다)이 정한다.
㉢ 자격연수의 연수과정은 정교사(1급)과정, 정교사(2급)과정, 준교사과정(특수학교 실기교사를 대상으로 하는 과정을 말한다), 전문상담교사(1급)과정, 사서교사(1급)과정, 보건교사(1급)과정, 영양교사(1급)과정, 수석교사과정, 원감과정, 원장과정, 교감과정 및 교장과정으로 구분하고, 연수할 사람의 선발에 관한 사항 및 연수의 내용은 교육부령으로 정한다.

4 ②

방어기제란 자아가 위협받는 상황에 처했을 때, 무의식적으로 자신을 속이거나 상황을 다르게 해석하여 감정적 상처로부터 자신을 보호하는 심리나 행위를 말한다. 대표적인 방어기제의 종류는 다음과 같다.

㉠ 억압(repression) : 전형적인 방어기제의 하나로, 억압을 사용하면 충동이나 욕구 혹은 좋지 않은 기억이 의식으로 들어오지 못하고 무의식에 머무르게 된다.
㉡ 부정(denial) : 특정한 일이나 생각, 느낌을 있는 그대로 받아들이는 것이 고통스럽기 때문에 인정하지 않으려 하는 것이다.
㉢ 투사(projection) : 자신이 받아들일 수 없는 생각이나 욕망 등을 자신이 아닌 다른 사람이나 외부 환경적인 이유 때문이라고 생각하는 것이다.
㉣ 동일시(identification) : 자신이 생각하는 중요한 인물을 닮는 것으로, 자신의 자존감을 높이는 기능을 한다.
㉤ 퇴행(regression) : 미성숙한 상태로 돌아가는 것으로, 자신이 없거나 실패할 가능성이 높은 행동을 해야 하는 상황에서 어린 시절로 되돌아감으로써 불안을 해소하는 것 등이 해당한다.
㉥ 반동형성(reaction formation) : 금지된 충동을 억제하기 위해 그와 반대되는 사고와 행동을 강조하는 것을 말한다.
㉦ 전위(displacement) : 내적인 충동이나 욕망을 관련된 대상이 아닌 다른 대상에게 분출하는 것을 말한다.
㉧ 합리화(rationalization) : 자책감이나 죄책감을 느끼지 않기 위해 현실을 왜곡하는 것으로, 실패 등에 대해 그럴듯한 이유를 찾아내 자아가 상처 받는 것을 방지하는 것을 말한다.

ⓩ 승화(sublimation) : 사회적으로 허용되지 않는 충동을 허용되는 행위로 전환하는 것이다.
ⓩ 수동-공격성(passive aggression) : 적대감을 직접적으로 표현하지 못할 때 수동적인 태도로 적대감이나 공격적인 감정을 표현하는 것을 말한다.
㉠ 신체화(somatization) : 심리적인 갈등이 신체를 통해 병이나 증상 등의 형태로 전환되어 나타나는 것을 말한다.

5 ②
조직구성원의 성숙도를 상황적 요인으로 설정하여 구성원의 성숙도에 따라 리더십 유형이 달리 적용될 때, 그 리더십의 효과가 높아진다고 주장한 것은 허시와 블랜차드의 리더십 상황이론이다. 조직구성원의 성숙도는 직무수행능력이 반영된 직무 성숙도(능력)와 반영된 동기수준인 심리적 성숙도(의지)로 구분된다. 허시와 블랜차드는 구성원의 성숙도에 따라 리더십 유형을 4가지로 분류하였다.

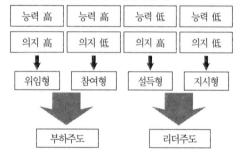

6 ④
학교회계는 다음 각 호의 수입을 세입으로 한다〈초 · 중등교육법 제30조의2(학교회계의 설치) 제2항〉.
㉠ 국가의 일반회계나 지방자치단체의 교육비특별회계로부터 받은 전입금
㉡ 제32조 제1항에 따라 학교운영위원회 심의를 거쳐 학부모가 부담하는 경비
㉢ 제33조의 학교발전기금으로부터 받은 전입금
㉣ 국가나 지방자치단체의 보조금 및 지원금
㉤ 사용료 및 수수료
㉥ 이월금
㉦ 물품매각대금
㉧ 그 밖의 수입

7 ③
법적용의 우선원칙
㉠ 상위법 우선의 원칙 : 하위법은 상위법에 위배될 수 없다. 헌법 > 법률 > 명령 > 조례 > 규칙 순으로 우선한다.
㉡ 특별법 우선의 원칙 : 특정한 사람이나 행위 또는 지역에 국한되는 특별법이 일반법에 우선하여 적용된다.
㉢ 신법 우선의 원칙 : 법령이 새로이 제정되거나 개정되어 그 내용의 충돌이 생겼을 경우, 나중에 제 · 개정된 신법이 우선한다.
㉣ 법률불소급의 원칙 : 기본적으로 법률의 적용은 행위 당시의 법률에 의하여야 한다는 원칙이다. 즉 행위 시에 존재하지 않던 법률을 사후에 제정하거나 개정하여 법제정 이전의 행위에 적용해서는 안 된다.

8 ④
④ 특정직 공무원은 법관, 검사, 외무공무원, 경찰공무원, 소방공무원, 교육공무원, 군인, 군무원, 헌법재판소 헌법연구관, 국가정보원의 직원과 특수 분야의 업무를 담당하는 공무원으로서 다른 법률에서 특정직공무원으로 지정하는 공무원을 말한다〈국가공무원법 제2조(공무원의 구분) 제2항 제2호〉. 따라서 공무원인 교원은 특정직 공무원이다.
① 교육전문직원은 교육공무원 중 교육기관에 근무하는 교원 및 조교를 제외한, 교육행정기관에 근무하는 장학관 및 장학사와 교육기관, 교육행정기관 또는 교육연구기관에 근무하는 교육연구관 및 교육연구사를 말한다. 수석교사는 교원이다.
② 공립학교 행정실장은 일반직 공무원이다.
③ 별정직 공무원은 비서관 · 비서 등 보좌업무 등을 수행하거나 특정한 업무 수행을 위하여 법령에서 별정직으로 지정하는 공무원을 말한다. 별정직 공무원은 특수경력직 공무원으로 교장은 경력직 공무원에 해당한다.
※ 교육공무원〈교육공무원법 제2조(정의) 제1항〉
㉠ 교육기관에 근무하는 교원 및 조교
㉡ 교육행정기관에 근무하는 장학관 및 장학사
㉢ 교육기관, 교육행정기관 또는 교육연구기관에 근무하는 교육연구관 및 교육연구사

9 ④
④ 실존주의는 인간이 불변의 본질을 가지고 세상에 태어난다는 것을 부정하며, 자유의지를 지닌 존재로서 이 자유의지에 의해 본질을 창조해가는 존재로 이해한다. 즉, 실존이 본질에 앞선다고 본다.

10 ①

코메니우스는 직관을 교육의 제1원칙으로 둔 실학주의 교육학자이다. 객관적 자연주의에서 자연의 법칙을 관찰하고 그 모방에 의해 아동을 교육시켜야 한다고 주장하였다. 따라서 감각교육을 중시하였으며 수입에서 사물에 대한 언어보다 사물 자체를 앞세웠다. 이러한 맥락에서 아동의 직관적 이해를 촉진시키기 위해 풍부한 도해를 삽입한 초등 언어 교과서인 『세계도해(1658)』를 저술했다.

11 ①

플립러닝(flipped learning) … 전통적인 수업 방식과 달리 수업에 앞서 교수가 제공한 자료(온·오프라인 영상, 논문 자료 등)를 사전에 학습하고, 학교 수업에서는 문제해결이나 토론, 과제 풀이 등의 상호작용에 중점을 두는 형태의 수업 방식을 의미한다. 거꾸로 학습, 역전학습이라고도 한다.

12 ③

교육평등관 분류

ⓐ 허용적 평등 : 모든 사람에게 동등한 교육기회가 주어져야 한다.

ⓑ 보장적 평등 : 교육을 가로막는 경제적·지리적·사회적 장애를 제거하여 누구나 어렵지 않게 교육을 받을 수 있도록 보장해야 한다.

ⓒ 과정의 평등 : 교육목표, 교육방법, 학교의 시설, 교사의 자질, 교육재정, 교육과정 등에서 학교 간 차이가 없어야 한다.

ⓓ 결과의 평등 : 학습이 끝날 때 교육의 결과로써 학생들의 수준이 비슷해야 한다. 즉, 능력이 낮은 학생에게는 교사가 더 많은 시간과 노력을 기울여야 하고 더 좋은 교육조건을 제공해야 한다는 관점이다.

13 ①

① 학교교육이 지배계급에게 유리하도록 불평등한 경제적 구조를 재생산한다고 보는 갈등론적 관점이다.

②③④ 학교교육이 사회 전체의 유지와 통합에 기여한다고 보는 기능론적 관점이다.

※ 기능론과 갈등론의 비교

기능론	갈등론
• 사회는 지속적이고 안정된 요소들의 구조이다.	• 모든 사회는 늘 변화한다.
• 모든 사회는 부분 요소들이 통합된 구조이다.	• 사회는 언제나 불합의와 갈등을 나타낸다.
• 사회 구조는 동의에 바탕을 두고 있다.	• 모든 사회는 강제에 바탕을 두고 있다.
• 사회의 모든 구성 요소는 어떤 기능을 수행한다. 즉, 사회가 체계로 유지되는데 기여한다.	• 사회의 모든 부분 요소는 사회의 와해와 변동에 기여한다.

14 ④

정교화 … 기존에 가지고 있던 정보를 기억해 내는 데 도움이 되기 위해 새로운 정보를 그대로 저장하지 않고 관련된 것들과 연합하여 정보를 유의미한 형토로 바꾸는 것으로, 정보를 통합하고 보존하는 전략 중 하나이다.

① 정적 강화 : 어떤 반응 또는 행동에 대하여 그 행동의 빈도나 강도를 증가시키는 자극을 제공하는 것

② 부적 강화 : 어떤 반응 또는 행동에 대하여 주어지던 자극을 제거함으로써 그 행동의 빈도나 강도를 증가시키는 것

③ 체계적 둔감화 : 어떤 환경이나 사물에 대한 부정적인 연상을 점차적으로 긍정적인 연상으로 바꿔주는 것

15 ③

③ 형태주의 심리학은 학습을 인지구조의 변화라고 보고, 인간 기능의 내적 정신과정, 즉 인지구조의 변화과정에 대해 객관적이고 과학적인 방법으로 연구한다. 인지심리학 떠는 Gestalt 심리학이라고도 한다. Kohler의 통찰설, Lewin의 장이론, Koffka의 형태이조설, Tolman의 기호형태설, Klahr와 Wallace의 정보처리적 접근 등이 있다.

16 ②

원점법(圓點法)은 조선시대 성균관과 사학(四學) 등에 거재하는 유생들의 출석·결석을 점검하기 위하여 아침·저녁으로 식당에 들어갈 때마다 도기(到記)에 원점을 찍게 하던 규정이다.

① 학교모범(學校模範) : 1582년 이이가 선조의 명을 받들어 지은 교육 훈규

④ 학교사목(學校事目) : 1582년 이이가 교육쇄신을 위하여 선조의 명을 받아 제정한 규정

17 ①
평가의 유형

구분	내용
준거참조 평가	평가대상자가 사전에 결정된 어떤 성취기준 또는 교육목표를 달성하였는가 혹은 달성하지 못하였는가에 초점을 두는 평가
규준참조 평가	한 개인이 속해 있거나 혹은 속해 있지 않더라도 비교가 되는 집단 속에서 다른 사람보다 얼마나 더 성취했느냐 하는 상대적인 비교를 통해서 성적을 결정하는 평가
성장참조 평가	교수-학습 과정을 통하여 얼마나 성장하였느냐를 판단하기 위해 실시하는 평가
능력참조 평가	학생이 지니고 있는 능력에 비추어 얼마나 최선을 다하였느냐에 초점을 두는 평가

18 ②
사회인지이론은 사람의 행동은 다른 사람의 행동이나 주어진 상황을 관찰하고 모방하는 정신적 처리과정을 통해 학습된다는 이론이다. 관찰학습은 주의집중 → 파지(기억) → 재생 → 동기화(강화) 과정을 거친다.
㉠ 주의집중 : 관찰학습의 모델이 되는 행동과 그 결과에 주의를 기울이는 것
㉡ 파지 : 관찰학습의 모델이 되는 행동을 돌이켜보기 위해 관찰자가 하는 인지적 행위
㉢ 재생 : 기억되어 있는 모델의 행동을 본인의 신체로 직접 재생산하는 과정
㉣ 동기화 : 실제 행동으로 실현하고자 하는 동기나 욕구의 과정

19 ③
상황학습이론은 수업을 실제 생활의 경험과 연결시키고 유의미한 맥락을 제공함으로써 학습을 촉진할 수 있다는 이론이다.
③ 전이를 촉진하기 위해서는 구체적인 형태의 지식을 제공한다.

20 ④
타일러의 교육과정 이론은 교육과정을 학문으로 체계화하고 교육과정을 개발·설계하는 데 종합적인 지침을 제시하였다. 또한 어떤 교과와 수준에서도 적용될 수 있는 따르기 쉽고 논리적인 일련의 절차를 제공하였다. 그러나 추상적이

고 다원적인 경험에 대해서는 목표설정이 어렵고 목표선정의 우선순위에 대한 이유를 밝히지 못하고 있다.
④ 타일러의 교육과정 이론은 교육과정 개발절차를 지나치게 절차적, 기계적, 규범적으로 제시함으로써 실제 교육과정 운영에서 일어날 수 있는 변수를 고려하지 않았다는 비판을 받는다.

2019. 6. 15
교육행정직 시행

---

1 ④
④ 중학교 과정은 의무교육과정으로 퇴학처분은 취할 수 없다.
※ 가해학생에 대한 조치〈학교폭력예방 및 대책에 관한 법률 제17조 제1항〉 ··· 자치위원회는 피해학생의 보호와 가해학생의 선도·교육을 위하여 가해학생에 대하여 다음의 어느 하나에 해당하는 조치(수 개의 조치를 병과하는 경우를 포함)를 할 것을 학교의 장에게 요청하여야 하며, 각 조치별 적용 기준은 대통령령으로 정한다. 다만, 퇴학처분은 의무교육과정에 있는 가해학생에 대하여는 적용하지 아니한다.
㉠ 피해학생에 대한 서면사과
㉡ 피해학생 및 신고·고발 학생에 대한 접촉, 협박 및 보복행위의 금지
㉢ 학교에서의 봉사
㉣ 사회봉사
㉤ 학내외 전문가에 의한 특별 교육이수 또는 심리치료
㉥ 출석정지
㉦ 학급교체
㉧ 전학
㉨ 퇴학처분

2 ②
평가 시행 시기별 평가 유형

구분	시행 시기	목적
진단 평가	수업 전	출발점 행동과 학습결손의 원인을 확인하고자 한다.
형성 평가	수업 중	수업지도방법을 개선하거나 학습행동을 강화하고자 한다.
총괄 평가	수업 후	수업목표의 달성 여부를 판단하고자 한다.

3 ②

② 행동주의 학습이론은 학습을 경험이나 관찰의 결과로 일어나는 비교적 영속적인 행동의 변화 또는 행동잠재력의 변화로 정의내리며, 학습자를 자극에 대해 수동적으로 반응하는 존재라고 본다.

4 ②

② 인간중심 교육과정의 교육목적은 교양인보다 자연인의 육성에 있다. 즉, 지적, 정적, 신체적인 면에서 균형있게 발달된 전인을 양성하고자 한다.

5 ③

① 향교에 대한 설명이다.
② 국학의 입학자격은 대사 이하 무위자의 신분을 가진 자 중에서 나이가 15세에서 30세에 해당하는 사람으로 규정하였다.
④ 국학의 학업연한은 9년이다. 학업에 성취가 없는 자는 내보냈으며 아직 학업을 이루지 못하였지만 재능이 있다고 판단되는 경우, 9년이 넘어도 재학을 허용하였다.

6 ④

④ 시·도의 교육·학예에 관한 사무의 집행기관으로 시·도에 교육감을 둔다〈지방교육자치에 관한 법률 제18조(교육감) 제1항〉. 심의·의결기관은 교육위원회이다.

7 ①

브룸은 "모티베이션의 정도는 행위의 결과에 대한 매력의 정도(유의성)와 결과의 가능성(기대) 그리고 성과에 대한 보상 가능성(수단성)의 함수에 의해 결정된다."라고 주장한다.
㉠ 기대(노력-성과 관계) : 기대감은 일정수준의 노력을 하면 성과향상이 되리라고 생각하는 개인의 주관적 확률을 의미한다. 이는 목표달성을 위해 자신이 가지고 있는 능력과 가능성에 대해 인식하는 정도를 말한다.
㉡ 수단성(성과-보상 관계) : 수단성은 일정수준의 성과가 원하는 보상을 가져오리라고 생각하는 개인의 믿음 정도를 의미한다.
㉢ 유의성(보상-개인목표 관계) : 유의성은 조직의 보상이 개인목표나 욕구를 충족시키는 정도 그리고 잠재적 매력 정도를 나타낸다.

8 ④

㉠ 부르디외는 학교를 지식과 가치를 포함한 문화자본의 생산, 분배, 교환, 소비가 이루어지는 일종의 문화시장으로 파악하였으며, 학교교육이 문화자본의 일상적 운동과정을 정당화함으로써 자본주의사회의 계급적 지배구조와 사회적 불평등을 재생산한다고 하였다.
㉡ 직접적인 교육비는 경제자본이다. 문화자본은 인간의 문화적 행위가 한 사회의 위계적 질서를 유지하고 보존하는 권력의 기제가 된다는 것으로, 문자능력, 교육의 접근권, 문화예술 생산물의 향유능력 등 다양한 요소로 구성된다.

9 ④

기간제교원의 임용〈교육공무원법 제32조 제1항〉 ··· 고등학교 이하 각급학교 교원의 임용권자는 다음의 어느 하나에 해당하는 경우에는 예산의 범위에서 기간을 정하여 교원 자격증을 가진 사람을 교원으로 임용할 수 있다.
㉠ 교원이 제44조(휴직) 제1항 각 호의 어느 하나의 사유로 휴직하게 되어 후임자의 보충이 불가피한 경우
㉡ 교원이 파견·연수·정직·직위해제 등 대통령령으로 정하는 사유로 직무를 이탈하게 되어 후임자의 보충이 불가피한 경우
㉢ 특정 교과를 한시적으로 담당하도록 할 필요가 있는 경우
㉣ 교육공무원이었던 사람의 지식이나 경험을 활용할 필요가 있는 경우
㉤ 유치원 방과 후 과정을 담당하도록 할 필요가 있는 경우

10 ①

② 반분신뢰도
③ 검사-재검사 신뢰도
④ 동형신뢰도

11 ①

제시된 내용은 독일의 유대인 사상가인 마르틴 부버의 관계철학에 대한 설명이다. 부버는 현대사회의 인간상실, 인간소외 등에 대해 고민하면서 '나와 너 관계'를 설정하고, 참된 관계만이 현대인의 실존 부재를 해결할 수 있다고 주장했다. 또한 부버는 '만남'이라는 용어를 철학적으로 처음 사용한 인물로, 삶을 만남으로 보면서 대화, 관계, 만남, 사이 등의 용어로 만남을 정의하고자 하였으며, 교육에서 역시 관계와 만남을 중시하였다.

12 ③

피아제의 인지발달단계는 감각운동기, 전조작기, 구체적 조작기, 형식적 조작기의 4가지 주요단계로 나뉜다.

ⓐ 감각운동기 : 출생에서 약 2세까지로, 영아들이 감각과 운동 능력을 통해 인지 발달을 이루는 시기이다.

ⓑ 전조작기 : 2세에서 6~7세 사이의 시기로, 자기중심적 사고에 의존하며 지각적 속성으로 사물을 판단하기 때문에 사물의 외관에 의존하여 상황을 판단하는 특징을 보인다.

ⓒ 구체적 조작기 : 6~7세부터 11세 사이의 시기로, 전조작기의 자기중심적 사고에서 벗어나 가역성과 보존의 개념이 본격적으로 발달하는 시기이다.

ⓓ 형식적 조작기 : 보통 11세 이후로, 여러 변인을 동시에 고려하여 연역적으로 가설을 설정하고 논리적으로 문제를 해결할 수 있는 시기이다.

13 ③

제시된 내용은 인간중심 상담기법의 특징이다. 인간중심상담은 인간의 잠재력과 가능성에 대한 신뢰를 바탕으로 C. 로저스가 창시한 이론으로, 1960~1970년대에 걸쳐 심리상담/치료사들 간에 정신분석과 행동주의 접근의 대안적인 접근으로 발달하였다. 인본주의상담, 사람중심상담이라고도 한다.

14 ①

'지식의 구조'는 브루너가 그의 저서 『교육의 과정』에서 교육내용을 지칭한 용어로, 각 학문의 기본개념, 일반적 원리, 핵심적 아이디어 등으로 설명할 수 있다.

① 학문중심 교육과정에서 발견학습, 나선형 교육과정의 핵심적인 원리이다.

15 ②

②④ 플라톤은 교육을 통해 나라의 법과 관습을 유지 · 보존하는 수호자들을 지속적으로 키워내고자 한다. 따라서 국가는 능력에 따라 구분된 계급에 적합한 교육을 실시하기 위해 적극적으로 개입해야 한다고 주장한다.

① 교육의 궁극적인 목적은 이데아(idea)의 실현에 있다.

③ 개인의 능력과 소질에 따라 구분된 계급에 따라 서로 다른 사회적 역할을 분담한다.

16 ②

대한민국 헌법 제31조

ⓐ 모든 국민은 능력에 따라 균등하게 교육을 받을 권리를 가진다.

ⓑ 모든 국민은 그 보호하는 자녀에게 적어도 초등교육과 법률이 정하는 교육을 받게 할 의무를 진다.

ⓒ 의무교육은 무상으로 한다.

ⓓ 교육의 자주성 · 전문성 · 정치적 중립성 및 대학의 자율성은 법률이 정하는 바에 의하여 보장된다.

ⓔ 국가는 평생교육을 진흥하여야 한다.

ⓕ 학교교육 및 평생교육을 포함한 교육제도와 그 운영, 교육재정 및 교원의 지위에 관한 기본적인 사항은 법률로 정한다.

17 ④

헤르바르트의 형식단계설

ⓐ 명료화 : 정지적 전심을 통해 개개의 대상에 몰입함으로써 한 개념에 대한 명료한 인식을 획득한다.

ⓑ 연합 : 진동적 전심에서는 하나의 전심에서 다른 전심으로 전이되어 이미 습득한 표상이 새로운 표상과 결합하여 표상 간에 연합이 이루어진다.

ⓒ 체계 : 정지적 숙고는 연합되어진 표상이 숙고를 통해 일정한 체계를 이루는 것을 말한다. 즉, 풍부한 숙고를 통해 개별의 개념들이 일정한 질서를 갖게 되는 것이다.

ⓓ 방법 : 진동적 숙고를 통해 정지적 숙고에서 얻은 지식 내용의 체계를 실제의 생활 속에 적용하는 방법을 터득하게 된다.

18 ①

① 순환교육은 의무교육 이후에 개인의 필요에 따라 교육과 노동이 계속적으로 반복되는 형태이다.

19 ②

② 학생이 사설학원에 내는 학원비는 지출의 직접적인 행위자에 의해 결정되는 지출형태로 공공의 회계절차를 거치지 않고 교육에 투입되는 경비이다. 따라서 사교육비에 해당한다.

※ 공교육비와 사교육비의 구분

기준	공교육비	사교육비
부담주체	• 공공기관 부담	• 민간인 부담
교육비의 회계주체 혹은 지출형태	• 공공의 회계절차를 거쳐서 교육에 투입되는 경비	• 지출의 직접적인 행위자에 의해 결정
설립·운영의 주체	• 국·공립학교를 운영하는데 들어가는 비용	• 사립의 학교교육에 드는 비용과 학교 밖의 교육활동에 드는 비용

20 ③

'좋은 남편'에 행위의 정당성을 부여하고 있다. 따라서 3단계인 착한 소년/소녀 지향에 해당한다.

※ 콜버그의 도덕성 발달이론 … 콜버그는 10~16세 미국 중류층 남자 아동청소년을 대상으로 하인츠와 약사의 도덕적 갈등상황을 들려준 다음 도덕성에 관한 반응을 조사하고 분석하여 도덕성 발달이론을 발표하였다. 이 이론은 도덕성 발달을 세 가지 수준과 여섯 단계로 설명한다.

수준	단계	특징
전인습적수준	1단계 처벌과 복종 지향	• 행동의 결과에 따라 가치가 결정된다. • 처벌이 클수록 더 나쁜 행동이라고 생각한다.
	2단계 개인적 쾌락주의	• 자신의 이익을 얻기 위하여 권위자의 규칙에 따르고 다른 사람의 입장을 받아들인다.
인습적수준	3단계 착한 소년/소녀 지향	• 행위의 의도성에 따라 도덕적 판단을 한다. • 타인을 기쁘게 하거나 인정받는 것이 옳은 것이라 생각하면서 착해지려 하며 사회적 규준을 수용한다.
	4단계 법과 질서 지향	• 권위자를 존중하고 사회적 질서를 유지하는 것이 옳은 행동이므로 사회적 규범이나 질서를 지향한다.
후인습적수준	5단계 사회적 계약 및 합법적 지향	• 도덕적 융통성이 발휘되는 단계이다. • 개인의 권리를 존중하고 사회적 약속은 대다수 사람의 보다 나은 이익을 위해 변화될 수 있다고 생각한다.
	6단계 보편적인 윤리 지향	• 인간의 존엄성, 정의, 사랑, 공정성에 근거를 둔 추상적이고 보편적인 행동지침을 지향한다. • 자신이 선택한 윤리적 원리와 일치하는 양심에 의해 옳은 행동이 결정된다.

2020. 6. 13.
교육행정직 시행

---

1 ①

실존주의 교육철학은 자아실현과 주체성 회복을 강조한다.
② 재건주의
③ 본질주의
④ 항존주의

2 ③

제시된 내용은 잠재적 교육과정과 관련된 설명이다. 잭슨은 그의 저서 『교실에서의 생활(Life in classroom)』(1968)에서 잠재적 교육과정에 해당하는 현상을 관찰하고 군집, 상찬, 평가 등의 학교 특성이 학생들의 삶에 미치는 영향력을 제시하였다.

3 ②

파슨스는 기능론을 체계화한 사회체제이론을 주장하였다. 그는 '사회는 어떻게 유지·발전하는가?'라는 질문에 사회 균형 유지를 위한 4가지 요소 A(Adapt, 적응), G(Goal-attainment, 목표달성), I(Integration, 통합), L(Latency, 잠재)을 제시하였다.
파슨스는 사회에 대해 안정성, 상호의존성, 합의성을 가졌다고 보았으며, 학교는 이러한 사회의 형태를 유지·존속시키기 위한 역할사회화와 사회적 선발 기능을 담당한다고 하였다.
ⓒ 갈등이론의 관점이다.

4 ②

제시된 내용은 보울스와 진티스의 주장으로, 이들은 학교가 경제적 불평등을 재생산하는 도구라고 비판하였다.

5 ③

제시된 내용은 롤스가 그의 저서 『정의론』에서 주장한 정의의 원칙 중 차등의 원칙에 해당한다. 차등의 원칙은 사회의 가장 약자에게 이익이 돌아갈 경우에만 사회·경제적 불평등을 인정하는 것으로, 교육결과의 평등을 위해 보상적 교육을 실시하는 것과 관련 있다.

※ J. 롤스의 정의의 원칙
　㉠ 제1원칙 : 평등한 자유의 원칙
　• 모든 사람이 평등하게 기본권과 자유를 누려야 한다.
　㉡ 제2원칙 : 차등의 원칙과 기회균등의 원칙
　• 차등의 원칙 : 사회의 가장 약자에게 이익이 돌아갈 경우에만 사회·경제적 불평등을 인정한다.
　• 기회균등의 원칙 : 사회·경제적 가치를 획득할 기회는 균등하게 분배돼야 한다.

6 ①
「평생교육법」제2조에 따르면 평생교육이란 학교의 정규교육과정을 제외한 학력보완교육, 성인 문자해득교육, 직업능력 향상교육, 인문교양교육, 문화예술교육, 시민참여교육 등을 포함하는 모든 형태의 조직적인 교육활동을 말한다. 보기 중 인문교양교육에 해당하는 것은 ①이다.
② 시민참여교육
③④ 문화예술교육

7 ②
우리나라 최초로 민간에 의해 설립된 근대적 교육기관은 1883년에 원산에 세워진 원산학사이다. 배재학당은 1885년 선교사 아펜젤러에 의해 설립된 근대식 중등 교육기관이다.

8 ①
② 크론바흐 알파계수는 시험 문제의 일관성과 신뢰성을 나타내는 계수로, 보통 0.8~0.9의 값이면 신뢰도가 매우 높은 것으로 간주하며, 0.7 이상이면 적절한 것으로 본다.
③ 객관도는 점수의 변산의 원인 중 특히 채점자에 따라 점수가 얼마나 일관성이 있느냐하는 정도로, 신뢰도의 한 특수한 경우라 할 수 있다.
④ 높은 신뢰도는 높은 타당도의 중요한 선행요건으로, 타당도가 높기 위해서는 신뢰도가 높아야 한다. 그러나 신뢰도가 높다고 해서 반드시 타당도가 높은 것은 아니므로, 높은 신뢰도는 높은 타당도가 되기 위한 필요조건이지 충분조건은 아니다.

9 ④
㉠, ㉡, ㉢은 모두 아리스토텔레스의 교육사상에 해당한다. 아리스토텔레스는 이성적이고 행복한 생활의 영역에 교육목적을 두었다.

10 ①
적률상관계수는 직선적 가정하에서 두 변인 간의 상관의 정도를 나타내는 가장 대표적인 계수로, r로 표시한다. 상관계수 r은 상관이 정도와 상관의 방향에 따라서 $-1.0 \leq r \leq +1.0$의 값을 가지며, 두 변인 간의 관계가 전혀 없을 때 $r = 0.0$이다.
㉢ 정상분포를 전제하고 있으므로, 원점수를 T점수로 변환해도 두 변수 간의 상관계수는 달라지지 않는다.

11 ①
① 원격교육은 전통적 교육에서 출석에 의한 대면학습과 달리, 교수자와 학습자 간에 시간적·공간적 원격성을 전제로 인쇄물이나 방송·통신 및 컴퓨터 등 다양한 교육 매체들을 매개로 하여 행하게 되는 새로운 교육 형태를 말한다. 컴퓨터 통신망을 기반으로 등장한 이러닝은 원격교육의 한 형태로 볼 수 있다.

12 ④
구성주의 교육은 학습자가 주변세계와의 상호작용을 통해 지식을 구성한다는 것을 강조한다.
㉠㉡ 객관적인 지식 교육에 초점을 두는 객관주의에 해당한다.

13 ②
제시된 내용은 동료교사들이 서로에 대한 장학활동을 하는 동료장학에 대한 설명이다.
① 임상장학 : 장학담당자와 교사가 일대일 관계 속에서 수업지도에 관한 문제를 해결하고 기술 향상을 도모하는 장학 활동
③ 약식장학 : 단위학교에서 교장 혹은 교감이 교실 순시나 수업참관을 통해 교사들에게 조언하는 장학 활동
④ 자기장학 : 교사 스스로 자신의 발전을 위해 스스로 계획을 세우고 실천하는 활동

14 ④
공립학교는 고객인 학생의 참여결정권과 조직인 학교의 학생선택권이 모두 없는 경우로, 유형Ⅳ인 온상조직에 해당한다. 온상조직은 법적으로 존립이 보장되는 조직으로 공립학교, 의무교육기관 등이 있다. 유형Ⅰ은 야생조직(예 : 사립대학), Ⅱ는 적응조직(예 : 자유등록제 학교), Ⅲ은 강제조직에 해당한다.

15 ③

변혁적 리더십은 구성원들의 가치관, 정서, 행동규범 등을 변화시켜 개인, 집단, 조직을 바람직한 방향으로 변혁시키는 리더십이다. 바스(Bass)는 변혁적 지도자들의 특성을 4Is로 제시하는데, 이상적인 영향력(Idealized influence), 감화력(Inspirational motivation), 지적인 자극(Intellectual stimulation), 개별적 배려(Individualized consideration)가 그것에 해당한다.

16 ③

③ 지식의 표상 양식은 작동(행동)적 표상→영상적 표상→상징적 표상 순서로 발달해 나간다.

17 ④

교수설계는 일반적으로 ADDIE 모형, 즉 분석(Analysis)→설계(Design)→개발(Development)→설계(Implement)→평가(Evaluation)의 과정을 따른다.
① 실행단계에 대한 설명이다.
② 개발단계에 대한 설명이다.
③ 분석단계에 대한 설명이다.

18 ①

① 피아제는 발달에 기초하여 학습이 이루어진다고 보는 소극적 입장을, 비고츠키는 학습이 발달을 주도한다는 적극적 입장을 보였다.

19 ②

① 고정변동 강화계획에 대한 설명이다.
③ 이차적 강화물에 대한 설명이다. 일차적 강화물은 생리적, 선천적 요구를 만족시키는 자극물이다.
④ 프리맥 원리는 높은 확률로 일어나는 행동을 강화물로 사용하여 일어날 확률이 적은 행동을 하도록 촉진하는 기법을 의미한다. 차별적 강화를 이용하여 목표와 근접한 행동을 단계적으로 형성해 나가는 것은 행동조형이다.

20 ④

① 프로이트의 정신분석이론에 대한 설명이다.
② 아들러의 개인심리상담에 대한 설명이다.
③ 글래서의 현실치료적 접근에 대한 설명이다.

2020. 7. 11.
인사혁신처 시행

---

1 ②

타일러가 제시한 학습경험의 조직 원리
㉠ 계열성의 원리 : 교육내용과 경험 수준이 점차적으로 깊이와 넓이를 더해 나선형이 되도록 조직한다.
㉡ 계속성의 원리 : 일정기간 동안 교육내용 및 학습경험이 반복되도록 조직한다.
㉢ 통합성의 원리 : 여러 영역에서 학습하는 내용들이 학습과정에서 서로 연결되고 통합되어 의미 있는 학습이 되도록 조직한다.

2 ①

밑줄 친 부분은 시험의 사회적 기능에 대한 설명이다. 교육과정과 교수방법 개선은 시험의 교육적 기능에 해당한다.

3 ②

② 일반적인 목적 및 학위수여는 형식학습의 목적이다.
※ 형식·비형식·무형식 학습
㉠ 형식학습(formal learning) : 교육기관, 성인훈련기관, 직장에서의 체계적인 교육 프로그램을 통한 학습으로, 학위나 자격증의 형태로 사회적으로 공식 인정되는 것
㉡ 비형식 학습(non-formal learning) : 교육 프로그램을 통한 학습활동이지만, 공식적으로 평가되어 학위나 자격증으로 인정되지 않는 학습
㉢ 무형식 학습(informal learning) : 일상적인 직업 관련 활동이나 가사, 여가활동 등을 통해 이루어지는 학습

4 ③

제시된 내용은 교육행정의 과정 중 조정에 대한 설명이다.
※ 행정의 기능
㉠ 계획(planning) : 조직의 목표를 달성하기 위하여 해야 할 활동과 순서를 밝히는 일
㉡ 조직화(organizing) : 동원할 수 있는 인적·물적 자원을 엮어주는 과정
㉢ 지휘(commanding) : 구성원들에게 방향 제시 및 인도
㉣ 조정(coordinating) : 구성원들의 활동이나 자원 이용이 체계적으로 조화가 이루어지도록 하는 일
㉤ 통제(controlling) : 계획대로 모든 활동이 진행되도록 확인하고 시정하는 기능

5 ②
'학부모가 지출한 교재비'는 직접교육비 – 사교육비 – 사부담 교육비에 해당한다.
※ 교육비의 종류

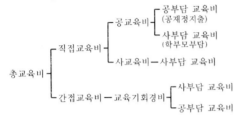

6 ③
③ 비판적 교육철학은 지식 획득을 포함한 인간의 모든 인식행위는 결국 자신에게 유리한 쪽으로 작용하는 가치지향적인 것으로 간주한다.

7 ①
제시된 내용은 박세무가 저술한 『동몽선습』에 대한 설명이다.
② 유합 : 조선 성종 때 서거정이 지은 한문 학습서
③ 입학도설 : 고려 공양왕 때 권근이 성리학의 기본 원리를 그림을 붙여 풀이한 책
④ 훈몽자회 : 조선 중종 때 최세진이 지은 한자 학습서

8 ④
「교육공무원법」에 따른 전직이란 교육공무원의 종류와 자격을 달리하여 임용하는 것을 말한다.

9 ①
제시된 내용은 1970년 '세계교육의 해'를 맞이하여 유네스코가 발간하여 전 세계적으로 보급한 랑그랑의 『평생교육에 대한 입문』에 대한 설명이다. 평생교육은 1965년 12월에 개최된 유네스코 성인교육발전 국제 위원회에서 랑그랑이 「평생교육이론」이라는 연구를 통해 처음으로 제기하였다.

10 ④
④ 학생인권조례는 학생의 인권이 학교교육과정에서 보장·실현될 수 있도록 각 교육청에서 제정하는 조례이다.
※ 조례와 규칙(자치입법으로서의 규칙)
  ㉠ 조례 : 지방자치단체가 법령의 범위 안에서 지방의회의 의결을 거쳐 그 지방의 사무에 관하여 제정하는 법
  ㉡ 규칙 : 지방자치단체의 장이 법령 및 조례의 범위 안에서 그 권한에 속하는 사무에 관하여 제정하는 법규범

11 ④
제시된 내용은 인지적 도제학습에 대한 설명이다. 도제학습은 전문가의 사고과정을 학습자가 실제로 내면화시키는 것으로 시연단계→교수적 도움의 단계→교수적 도움의 중지 단계를 거친다.

12 ④
제시된 내용은 쓰레기통 모형에 대한 설명이다.
① 합리 모형 : 인간과 조직의 합리성, 완전한 정보환경 등을 전제로, 목표 달성의 극대화를 위한 합리적 대안의 탐색·선택을 추구하는 이상적 정책결정 모형
② 만족 모형 : 현실적인 의사결정은 어느 정도 만족할 만한 대안의 선택으로 이루어진다는 의사결정 모형
③ 점증 모형 : 정책결정은 기존 정책을 토대로 그보다 약간 향상된 대안을 추구하는 점증적 방식으로 이루어진다는 모형

13 ③
제시된 내용은 연구자가 어떤 문제에 관하여 작성한 일련의 질문사항에 대하여 피험자가 대답을 기술하도록 한 조사방법인 질문지법의 특성이다.

14 ②
숙달목표지향은 과제 자체를 숙달하는 것과 자기계발에 목적이 있으며 학습과정과 학습활동 자체에 초점을 둔다.
② 능력 입증은 다른 사람에게 자신의 능력을 과시하는 것에 목적이 있으며, 학습결과를 다른 사람과 비교하는 것에 초점을 두는 수행목표지향의 특징이다.

15 ①

홀랜드 유형별 성격 및 흥미 특성

유형	특성
R유형 (실재형, Realistic)	현실감각, 신체능력, 구체성, 자연친화성, 손재능
I유형 (탐구형, Investigative)	논리성, 합리성, 호기심, 탐구성, 분석능력
A유형 (예술형, Artistic)	예술성, 창의성, 감수성, 직관, 표현능력
S유형 (사회형, Social)	대인관계능력, 사회성, 배려, 타인이해, 봉사정신
E유형 (기업형, Enterprising)	리더십, 설득력, 도전정신, 목표지향성, 경쟁심
C유형 (관습형, Conventional)	책임감, 계획성, 성실성, 순응성, 안전지향

16 ③

③ 부호화에 대한 설명이다. 부호화(재처리)는 장기기억 속에 존재하고 있는 기존의 정보에 새로운 정보를 연결하거나 연합하는 것으로 작동기억에서 장기기억으로 정보를 이동시키는 과정을 의미한다.

17 ①

① 예언타당도에 대한 설명이다.

18 ③

① 수업장학에 대한 설명이다.
② 관리장학에 대한 설명이다.
④ 발달장학은 교사의 발달 정도와 장학방법에 맞게 장학하여 교사의 발달수준을 높인다는 원리에 근거한 장학이다.

19 ③

가네가 학습의 결과로 얻어지는 대상 또는 목표로 제시한 것은 다음과 같다.

구분		내용
인지적 영역	언어정보	사물의 명칭이나 사실들을 아는 능력
	지적기능	어떤 과제를 수행하는 데 필요한 다양한 과정을 수행하는 능력
	인지전략	학습방법, 사고방법을 독자적으로 개발하는 사고전략
정의적 영역	태도	정신적 상태
심동적 영역	운동기능	인간의 심리운동기능

20 ④

④ 카텔의 지능의 구조에 대한 설명이다. 스턴버그는 상황적 지능, 경험적 지능, 요소적 지능으로 구성된 삼원지능이론을 제안하였다.
※ 카텔(R. Cattell)의 지능의 구조
　⊙ 유동적 지능 : 유전적 · 신경생리적 영향에 의해 발달, 연령증가에 따라 점차 감소되는 지능이다.
　⊙ 결정적 지능 : 환경적 · 문화적 · 경험적 영향에 의해 발달, 연령증가에 따라 점차 증가되는 지능이다.

기출지문

1   key word : 경험중심 교육과정

경험중심 교육과정은 교육과정이 교육의 과정에서 생성되는 것이 아니라 사전에 계획되는 것으로 본다. (O/X)

2   key word : 비판적 교육철학

비판적 교육철학은 교육을 교육의 논리가 아니라 정치 · 경제 · 사회의 논리에 의해 해석하는 경향이 있다. (O/X)

3   key word : 장학의 유형

교사가 자신의 수업을 녹화하여 분석 · 평가하는 것은 약식 장학이다. (O/X)

4   key word : 발달의 원리

발달은 특수한 반응에서 전체적인 반응으로 이행하며 발달해 나간다. (O/X)

5   key word : 2009 개정 교육과정

2009 개정 교육과정은 총론 중심의 교육과정 개정이었다. (O/X)

6   key word : 학교교육의 사회적 기능

학교교육이 사회구성원을 선발 · 분류하여 적재적소에 배치한다고 보는 것은 기능주의적 관점이다. (O/X)

7   key word : 성균관

성균관은 재학 유생이 정원에 미달하면 지방 향교의 교생을 우선적으로 승보시켰다. (O/X)

8   key word : 사회인지 이론

반두라의 사회인지 이론은 강화 없이 관찰하는 것만으로 학습이 일어날 수 있다고 본다. (O/X)

9   key word : 변별도

모든 학생이 맞힌 문항의 변별도는 0이다. (O/X)

10   key word : 카텔

카텔은 유동적 지능은 교육이나 훈련의 결과로 형성되는 것으로 보았다. (O/X)

11   key word : 인문주의 교육

인문주의 교육은 감각적 실학주의를 비판하며 등장하였다. (O/X)

12   key word : 교육행정이 원리

자주성의 원리는 교육은 교육 본래의 목적에 따라 그 기능을 다하도록 운영되어야 한다는 원리이다. (O/X)

13   key word : 개별화 수업

개별화 수업은 효율적인 수업을 위해 교수자가 주도권을 가진다. (O/X)

14   key word : 학교의 평생교육

각급학교의 장은 평생교육을 직접 실시하거나 영리를 목적으로 하는 법인 및 단체에 위탁하여 실시할 수 있다. (O/X)

15   key word : 영기준 예산제도

영기준 예산제도는 우선순위가 높은 사업에 대한 집중 지원이 가능하다. (O/X)

16   key word : 선행교육 및 선행학습 유발행위 금지

각종 교내 대회에서 학생이 배운 학교교육과정의 범위와 수준을 벗어난 내용을 출제하여 평가하는 행위는 「공교육 정상화 촉진 및 선행교육 규제에 관한 특별법」에서 금지하는 행위에 포함된다. (O/X)

17   key word : 브루너의 교수이론

내재적 보상보다 외재적 보상을 강조한 수업은 브루너의 교수이론에 근거한 수업이다. (O/X)

18   key word : Z점수

전체 학생의 수학 원점수 평균이 70점, 표준편차가 10인 정규분포를 따른다고 할 때, 원점수 80점을 받은 학생의 Z점수는 1이다. (O/X)

19   key word : 21세기를 준비하는 4가지 학습

유네스코의 21세기 국제교육위원회에서 제시한 21세기를 준비하는 4가지 학습은 알기 위한 학습, 행하기 위한 학습, 존재하기 위한 학습, 함께 살기 위한 학습이다. (O/X)

20   key word : 부호화

부호화 과정에서는 필요한 정보를 도표, 개념지도, 개요 등으로 조직화한다. (O/X)

1 X

경험중심 교육과정은 교육과정이 사전에 계획되는 것이 아니라 교육의 과정에서 생성되는 것으로 본다.

2 O

비판적 교육철학은 교육이 처해 있는 사회 구조나 제도에 대해 의문을 제기한다.

3 X

교사가 자신의 수업을 녹화하여 분석·평가하는 것은 자기장학이다.

4 X

전체적인 반응에서 특수한 반응으로 이행하며 발달해 나간다.

5 O

2009 개정 교육과정은 미래사회가 요구하는 창의적인 인재 양성을 방향으로 하는 총론 중심의 교육과정 개정이었다.

6 O

기능주의적 관점은 학교교육이 전체 사회의 유지에 기여한다고 본다.

7 X

성균관의 입학자격은 생원과 진사를 원칙으로 하며, 정원이 미달될 때 사학의 우수자로 보충하였다.

8 O

반두라의 사회인지 이론은 학습이 타인의 행동이나 어떤 주어진 상황을 관찰·모방함으로써 이루어진다고 주장한다.

9 O

난이도가 너무 높거나 너무 낮으면 변별도가 낮아진다. 모든 학생이 맞힌 문항은 난이도가 너무 낮은 문항으로 변별도가 0이다.

10 X

카텔은 지능을 유동적 지능과 결정적 지능으로 구분하고, 결정적 지능은 교육이나 훈련의 결과로 형성되는 것으로 보았다.

11 X

인문주의 교육의 폐단을 비판하면서 등장한 것이 실학주의이다.

12 O

교육행정의 원리에는 합법성의 원리, 기회균등의 원리, 적도집권의 원리(지방분권의 원리), 자주성의 원리가 있다.

13 X

개별화 수업은 수업의 초점을 각각의 학습자에게 두는 수업 체제이다.

14 X

각급학교의 장은 평생교육을 직접 실시하거나 지방자치단체 또는 민간에 위탁하여 실시할 수 있다. 다만, 영리를 목적으로 하는 법인 및 단체는 제외한다.

15 O

영기준 예산제도는 전년도 예산에 구애되지 않고 학교의 모든 사업을 총체적으로 분석하여 우선순위를 결정한 뒤 예산을 편성하기 때문에 우선순위가 높은 사업에 대한 집중 지원이 가능하다.

16 O

「공교육 정상화 촉진 및 선행교육 규제에 관한 특별법」 제8조(선행교육 및 선행학습 유발행위 금지 등) 제3항 제2호의 내용이다.

17 X

브루너는 외재적 보상보다 내재적 보상을 강조한다.

18 O

$$Z점수 = \frac{원점수 - 평균}{표준편차} = \frac{80 - 70}{10} = 1$$

19 O

유네스코 21세기 국제교육위원회가 제2의 평생교육 선언으로 제안한 Delors 보고서 「Learning : the treasure within(1996)」에서 제시되었다.

20 O

부호화 과정은 환경적 자극을 입력하는 단계이다.

1 key word : **분석적 교육철학**

분석적 교육철학은 철학 이론들로부터 교육실천의 함의를 이끌어 내는 데 주력해야 한다고 주장한다. (O/X)

2 key word : **포스트모던 교육철학**

발표 수업에서 학생들의 다양한 관점을 수용하는 것은 포스트모던 교육철학을 반영한 교육적 실천이다. (O/X)

3 key word : **위기지학**

이황의 「언행록」 중 '먼 곳보다 가까운 데서 겉보다 속부터 공부를 시작해서 마음으로 터득하여 몸소 실천해야 한다'는 말은 위기지학(爲己之學)과 관련 있다. (O/X)

4 key word : **소크라테스의 교육 사상**

학습자의 무지를 일깨우기 위한 교수법인 반어법과 산파술은 아리스토텔레스의 교육 사상이다. (O/X)

5 key word : **교과중심 교육과정**

교과중심 교육과정은 인류가 축적한 문화유산을 체계화한 지식을 중심으로 교육과정을 설계한다. (O/X)

6 key word : **영 교육과정**

영 교육과정은 학생이 학교생활을 통해 은연중에 가지게 되는 경험의 총화이다. (O/X)

7 key word : **과제분담학습 I 모형**

과제분담학습 I 모형은 모둠을 구성하고, 모둠에서 각 주제를 담당할 학생을 지정하여 전문가 집단에서 학습하도록 한다. (O/X)

8 key word : **딕과 캐리의 교수설계모형**

딕과 캐리의 교수설계모형의 수행목표 진술 단계에서는 교수자에게 기대되는 성과를 구체적으로 진술한다. (O/X)

9 key word : **생활지도의 정치(定置)활동**

학생의 희망 및 능력에 맞추어 동아리를 선택하도록 도와주고 배정하는 활동은 정치(定置)활동에 해당한다. (O/X)

10 key word : **엘리스의 합리적 · 정서적 상담**

엘리스의 합리적 · 정서적 상담에서 상담자는 내담자로 하여금 자신의 문제가 왜곡된 지각과 신념에 기인한 것임을 깨닫도록 논박한다. (O/X)

11 key word : **고전검사이론**

고전검사이론에서의 문항변별도 지수는 0~100 사이의 값을 갖는다. (O/X)

12 key word : **콜버그의 도덕성 발달이론**

콜버그의 도덕성 발달이론은 피아제가 구분한 아동의 도덕성 발달단계를 더 세분화하여 성인기까지 확장하였다. (O/X)

13 key word : **학교교육의 기능론적 관점**

학교교육은 자본주의 이데올로기에 순응하는 노동력을 양산한다고 보는 견해는 기능론적 관점이다. (O/X)

14 key word : **학업성취**

젠슨(Jensen)은 유전적 요인이 아닌 환경적 요인 때문에 소수 인종의 학업성취가 낮다고 주장하였다. (O/X)

15 key word : **평생교육기관**

교육감에게 등록된 학교교과교습학원은 「평생교육법」에 따른 평생교육기관에 해당한다. (O/X)

16 key word : **평생교육제도**

학점은행제는 개인의 다양한 학습경험을 공식적인 이력부에 종합적으로 누적 · 관리하고 그 결과를 학력이나 자격인정과 연계하거나 고용 정보로 활용하는 제도이다.(O/X)

17 key word : **과학적 관리론**

학교장이 구성원들의 동기를 파악하여 내재적 동기를 적극적으로 유발하는 것은 과학적 관리론을 학교 상황에 적용한 사례이다. (O/X)

18 key word : **변혁적 지도성**

변혁적 지도성을 가진 학교장은 학교구성원이 원하는 보상을 제공하고 그 대가로 주어진 과업을 달성하도록 한다. (O/X)

19 key word : **교육공무원의 징계**

견책된 자는 직무에는 종사하지만 6개월간 승진과 승급이 제한된다. (O/X)

20 key word : **학교회계**

학교발전기금으로부터 받은 전입금은 학교회계의 세입으로 할 수 없다. (O/X)

1 X

분식적 교육철학은 교육의 목석이나 교육의 실제 그 자체에 대해 철학적으로 사고하는 일에 집중해야 한다고 주장한다.

2 O

포스트모더니즘은 교육에서의 개방성과 다양성 등을 중요시한다.

3 O

위기지학(爲己之學)은 '자기 자신의 본질을 밝히고 인격을 수양하기 위한 학문'이라는 의미로 공자가 한 말이다.

4 X

반이법과 산파술은 소크라테스의 교육 사상이다.

5 O

교과중심 교육과정은 교육의 주된 목적을 지식의 전수에 두고 있으며, 교사 중심의 강의식 수업을 중시한다.

6 X

잠재적 교육과정에 대한 설명이다. 영 교육과정은 교육적 가치가 있음에도 불구하고 학교에서 학생들이 학습할 기회를 갖지 못하는 내용이다.

7 O

과제분담학습 I 모형은 전체 학습과제를 모둠 내 구성원의 수에 맞게 나누어 각 구성원에게 과제를 부여한다. 그 후 전문가 그룹으로 모여 협동학습을 한 뒤 원래 집단으로 돌아가 협동학습을 한다.

8 X

수행목표 진술 단계에서는 학습자에게 기대되는 성과를 구체적으로 진술한다.

9 O

정치활동은 학생의 교육활동이나 진로·직업에 필요한 조력 활동으로 적재적소 배치를 지향한다.

10 O

엘리스의 합리적·정서적 상담이론은 인간의 사고과정, 특히 신념이 인간활동을 움직이는 가장 큰 원동력이 된다는 이론이다.

11 X

문항변별도의 이론적 범위는 −1에서 +1의 범위를 지니며 값이 클수록 문항의 변별력은 높다 할 수 있다.

12 O

콜버그는 16세 이후에는 대부분의 사람들이 4단계에 도달할 수 있다고 보았고, 이후 성인기 동안 5~6단계의 후인습 수준으로 발전할 수 있다고 주장한다.

13 X

갈등론적 관점이다.

14 X

젠슨은 환경적 요인이 아닌 유전적 요인 때문에 소수 인종의 학업성취가 낮다고 주장한다.

15 X

평생교육기관〈평생교육법 제2조 제2호〉

㉠ 이 법에 따라 인가·등록·신고된 시설·법인 또는 단체

㉡ 「학원의 설립·운영 및 과외교습에 관한 법률」에 따른 학원 중 학교교과교습학원을 제외한 평생직업교육을 실시하는 학원

㉢ 그 밖에 다른 법령에 따라 평생교육을 주된 목적으로 하는 시설·법인 또는 단체

16 X

평생학습계좌제에 대한 설명이다. 학점은행제는 학교에서뿐만 아니라 학교 밖에서 이루어지는 다양한 형태의 학습경험 및 자격을 학점으로 인정하고, 학점이 누적되어 일정 기준을 충족하면 학위취득을 가능하게 하는 제도이다.

17 X

F. W. Taylor 등에 의해 대표되는 과학적 관리학파는 '절약과 능률'을 행정의 가장 중요한 가치기준으로 삼고, 정치–행정 분리론을 토대로 하여 행정 고유영역의 활동을 규율하는 과학적 원리와 합리적인 관리기법을 본격적으로 탐구하였다.

18 X

변혁적 지도성은 지도자가 부하의 잠재 능력을 계발하도록 도움을 주고 내재적 만족감을 갖게 한다.

19 O

경징계에 해당하는 견책은 전과(前過)에 대하여 훈계하고 회개하게 한다. 견책의 효과로는 직무에는 종사하지만 6개월간 승진과 승급이 제한된다.

20 X

학교발전기금으로부터 받은 전입금은 학교회계의 세입으로 할 수 있다.

1 key word : 구성주의 학습이론

구성주의 학습이론에 기반한 교사는 학생 스스로 사고과정을 통해 문제를 해결하도록 촉진한다. (O/X)

2 key word : 교수매체

교수매체는 학습자에게 교수학습 내용을 전달하는 모든 수단이나 방법을 총칭한다. (O/X)

3 key word : 피아제의 인지발달이론

다른 나라를 방문할 때 그 나라의 언어에 빠르게 순응하려고 노력하는 것은 피아제의 인지발달이론 중 동화에 해당하는 사례이다. (O/X)

4 key word : 진보주의교육협회

허친스(R. M. Hutchins)는 듀이(J. Dewey)와 함께 진보주의교육협회를 설립하고 진보주의 교육운동을 전개하였다. (O/X)

5 key word : 잠재적 교육과정

잠재적 교육과정의 개념을 제시한 인물은 P. 잭슨이다. (O/X)

6 key word : 학교회계제도

학교회계의 회계연도는 매년 3월 1일에 시작하여 다음 해 2월 말일에 끝난다. (O/X)

7 key word : 로저스의 인간중심 상담이론

로저스의 인간중심 상담이론은 내면의 경험을 자각하고 수용할 수 있도록 하기 위해 '지금-여기'보다 과거에 더 주목한다. (O/X)

8 key word : 교육감

교육감은 시·도의회에 제출할 교육·학예에 관한 조례안과 관련하여 심의·의결할 권한을 가진다. (O/X)

9 key word : 반두라의 사회인지학습

반두라의 사회인지학습은 신념과 기대가 행동의 변화를 가져온다고 본다. (O/X)

10 key word : 의무교육제도

지방자치단체로부터 의무교육대상자의 교육을 위탁받은 사립학교의 설립자·경영자는 의무교육을 받는 사람으로부터 수업료와 학교운영지원비를 받을 수 있다. (O/X)

11 key word : 교육과정개발 이론

D. 워커에 따르면 숙의(deliberation) 단계에서는 다양한 대안을 검토하고 이를 토대로 적절한 대안을 도출한다. (O/X)

12 key word : 아학편

체계적 한자 학습을 위하여 엮은 『아학편』은 상하 각각 500자를 수록하여 1,000자로 구성되었다. (O/X)

13 key word : 근접발달영역

근접발달영역은 학습자가 주위의 도움 없이도 문제를 해결할 수 있는 범위를 말한다. (O/X)

14 key word : 평생교육제도

대표적인 평생교육제도인 독학위제는 국가평생교육진흥원에서 운영하고 있다. (O/X)

15 key word : 교원

교원은 법률로 정하는 바에 따라 다른 공직에 취임할 수 있다. (O/X)

16 key word : 갈등주의 교육이론

경제구조가 학교교육을 일방적으로 결정한다고 비판하는 입장은 구조기능주의와 같은 맥락이다. (O/X)

17 key word : 교육평등

저소득층의 취학 전 어린이들을 위한 보상교육은 교육결과의 평등을 위한 정책이다. (O/X)

18 key word : 서양교육사

고대 로마시대에는 초기부터 공립학교 중심의 공교육체제가 확립되어 유행하였다. (O/X)

19 key word : 검사도구

표준화 검사 도구를 활용할 때에는 상황에 맞춰 검사의 실시·채점·결과의 해석을 융통성 있게 변경한다. (O/X)

20 key word : 2015 개정 교육과정

초등학교에 '안전한 생활'을 신설한 것은 2015 개정 국가교육과정이다. (O/X)

1 O

구성주의 학습이론은 지식은 환경과의 상호작용을 통해 개인에 의해 구성된다는 점을 강조하는 이론이다.

2 O

교수매체는 학습자에게 교수학습 내용을 전달하는 모든 수단이나 방법으로, 교수학습을 위해 사용하는 시청각 기자재와 수업자료를 총칭한다.

3 X

조절에 해당하는 사례이다.

4 X

진보주의 교육협회는 1919년 스탠우드 코브가 주도하여 설립된 진보적 성향의 교육단체이다.

5 O

잠재적 교육과정은 학생이 학교생활을 통해 은연중에 가지게 되는 경험의 총화로, P. 잭슨이 그의 저서 『교실에서의 생활』에서 제시하였다.

6 O

「초·중등교육법」 제30조의3(학교회계의 운영) 제1항의 내용이다.

7 X

로저스의 인간중심 상담이론은 내담자의 문제에 대해 과거보다는 '지금 – 여기'를 강조한다.

8 X

교육감은 시·도의 교육·학예에 관한 사무의 집행기관이다.

9 O

반두라의 사회인지학습은 강화와 벌 등의 피드백을 강조하는데, 이는 강화와 벌이 기대를 유발해 행동의 변화를 가져온다고 보기 때문이다.

10 X

국립·공립 학교의 설립자·경영자와 의무교육대상자의 교육을 위탁받은 사립학교의 설립자·경영자는 의무교육을 받는 사람으로부터 입학금, 수업료와 학교운영지원비, 교과용 도서 구입비를 받을 수 없다〈초·중등교육법 제12조(의무교육) 제4항〉. 2019. 12. 3. 개정

11 O

워커의 실제적 교육과정 개발모형은 강령 → 숙의 → 설계 단계로 진행된다.

12 X

『아학편』은 상하 각각 1,000자를 수록하여 2,000자로 구성이 되었다.

13 X

근접달달영역은 학습자가 주위의 도움을 받아서 문제를 해결할 수 있는 범위를 말한다.

14 O

국가평생교육진흥원에서는 독학위제, 학점은행제, 평생학습계좌제를 운영하고 있다.

15 O

「교육기본법」 제14조(교원) 제5항의 내용이다.

16 X

경제구조가 학교교육을 일방적으로 결정한다고 비판하는 입장은 갈등주의 교육이론이다. 구조기능주의는 기능주의 교육이론이다.

17 O

교육 결과의 평등은 학업성취의 평등을 의미하며, 보상교육 등 적극적인 조치를 포함한다.

18 X

로마시대 초기에는 주로 가정교육을 했었고 부모가 원한다면 사학에서 가르쳤다.

19 X

표준화 검사 도구는 검사의 실시와 채점 그리고 결과의 해석이 동일하도록 모든 절차와 방법을 일정하게 만들어 놓은 검사이다.

20 O

2015 개정 교육과정에서는 초등학교 1~2학년의 수업시수를 주당 1시간 늘려 창의적 체험활동 시간으로 확보하고, 늘어난 시간을 활용하여 '안전한 생활'을 운영한다.

1 key word : 성년식으로서의 교육

피터스는 '교육이란 헌신할 가치가 있는 활동 또는 사고와 행동 양식으로 사람들을 입문시키는 성년식이다'라고 하였다. (O/X)

2 key word : 서원

퇴계 이황은 서원의 교육목적을 위인지학(爲人之學)에 두었다. (O/X)

3 key word : 비판적 교육철학

비판적 교육철학은 프랑크푸르트 학파의 이론적 성과를 비판하였다. (O/X)

4 key word : 인문주의 교육사상

16세기 서양의 인문주의 교육사상은 고대 그리스 · 로마의 자유교육의 이상을 계승하였다. (O/X)

5 key word : 소크라테스

소크라테스는 '교사는 반어적인 질문을 학생에게 던짐으로써 학생 자신이 무지를 깨닫게 한다'고 하였다. (O/X)

6 key word : 타일러의 교육목표 설정

타일러의 교육목표 설정에서 잠정적인 교육목표는 학습자, 사회, 교과의 자원 조사 및 연구를 바탕으로 한다. (O/X)

7 key word : 공식적 교육과정

국가 교육과정과 시 · 도 교육청 교육과정 편성 · 운영 지침에 의거해 학교교육과정을 편성하는 것은 공식적 교육과정에 해당한다. (O/X)

8 key word : 플립드 러닝(flipped learning)

플립드 러닝은 오프라인 강의를 통해 교수자와 먼저 학습한 뒤 온라인을 통해 복습하는 수업 방식이다. (O/X)

9 key word : 가네의 수업이론모형

여러 가지 기호나 상징을 규칙에 따라 활용하는 것은 가네의 학습성과영역 중 지적기능에 해당한다. (O/X)

10 key word : 피아제와 비고츠키

비고츠키는 아동의 혼잣말을 자기중심적 언어로서 미성숙한 사고를 보여준다고 본다. (O/X)

11 key word : 프로이트의 정신분석학적 상담이론

정신분석학적 상담이론에 따르면 상담자는 내담자의 저항과 전이 감정을 분석하여 무의식적 갈등을 해결하도록 돕는다. (O/X)

12 key word : 교육평가 유형

교수 · 학습이 완료된 시점에서 교육목표의 달성 정도를 종합적으로 판정하기 위해 시행하는 것은 형성평가이다. (O/X)

13 key word : 검사도구의 타당도

검사도구의 타당도는 검사대상을 얼마나 정확하게 무선오차(random error) 없이 측정하는지를 의미한다. (O/X)

14 key word : 정보처리이론

개별적 정보를 범주나 유형으로 묶어 도표나 그래프, 위계도를 작성하는 것은 부호화를 촉진하기 위한 전략 중 정교화에 해당한다. (O/X)

15 key word : 교육평등

대학 입시에서 농어촌지역 학생들을 배려하기 위한 특별전형을 실시하는 것은 보상적 교육평등관에 해당한다. (O/X)

16 key word : 콜만의 사회 자본

J. 콜만에 따르면 교사, 학생, 학부모 간의 친밀한 관계 형성은 학생의 학업성취도에 긍정적인 영향을 미친다. (O/X)

17 key word : 교육학자

진정한 교육은 학습자가 탐구(inquiry)와 의식적 실천(praxis) 활동을 하는 것이라고 주장한 사람은 I. 일리치이다. (O/X)

18 key word : 강임

강임이란 교육공무원의 직렬을 달리하여 하위 직위에 임용하는 것을 말한다. (O/X)

19 key word : 교육행정의 원리

교육공무원으로서의 신분을 보장받아서 업무를 소신 있게 수행할 수 있는 것은 교육행정의 원리 중 합법성의 원리에 따른 것이다. (O/X)

20 key word : 학교운영위원회

국 · 공립학교의 학교운영위원회는 학칙의 제정 또는 개정 사항을 심의한다. (O/X)

1 O

피터스의 논의에 근거하여 교육의 정의를 보면 교육은 내재적으로 가치 있는 내용을 도덕적으로 온당한 방법으로 전달하는 과정 또는 전달받은 상태를 가리킨다.

2 X

위인지학은 율곡 이이의 주장이다. 퇴계 이황은 위기지학을 주장하였다.

3 X

비판적 교육철학은 프랑크푸르트 학파의 이론적 성과를 수용하였다.

4 O

인문주의 교육사상은 중세적 정신으로부터 해방을 중시하고 고대 그리스 · 로마의 자유교육의 이상을 계승하였다.

5 O

소크라테스는 학습자의 무지를 일깨우기 위한 교수법으로 반어법과 산파술을 제시하였다.

6 O

타일러는 교육목표를 설정하기 위해서는 그 사회의 전통, 문화뿐만 아니라 사회의 요구에 대한 분석과 학습자의 발달단계에 따른 심리적 특성과 관심 교과에서의 기본적인 내용과 교과의 최근 동향에 대한 분석이 이루어져야 한다고 하였다.

7 O

공식적 교육과정은 교육적인 목적과 목표에 따라 분명하게 의도되고 계획된 교육과정이다.

8 X

플립드 러닝은 온라인을 통한 선행학습 뒤 오프라인 강의를 통해 교수와 토론식 강의를 진행하는 역진행 수업 방식이다.

9 O

가네의 목표별 수업이론모형에서 학습의 성과는 학습의 결과로 얻어지는 대상 또는 목표로, 지적기능, 인지전략, 언어정보, 운동기능, 태도가 있다.

10 X

피아제의 견해이다. 비고츠키는 아동의 혼잣말을 자기조절 기제로 보았다.

11 O

프로이트의 정신분석학적 상담이론은 내담자의 무의식을 중요시한다.

12 X

총괄평가에 대한 설명이다. 형성평가는 학습이 진행되는 과정에 실시하는 평가이다.

13 X

검사도구의 타당도는 검사점수가 사용 목적에 얼마나 부합하는가를 의미한다.

14 X

조직화에 해당한다. 정교화란 새로운 정보를 기존의 지식과 관련지어 부호화를 촉진하는 전략이다.

15 O

보상적 교육평등관은 교육받은 결과가 같아야 진정한 교육의 평등이 실현된다는 입장으로, 학업성취의 평등을 위한 보상교육 등 적극적인 조치를 주장한다.

16 O

J. 콜만은 사회 자본이 가정, 학교, 지역사회 내 구성원들 간 관계 구조 속에 존재하며, 특정 행위를 촉진하는 연결망 역할을 한다고 보았다.

17 X

P. 프레이리의 주장이다. 프레이리는 교육은 주어진 지식을 전달하는 은행저금식이 아니라 문제제기식으로 이루어져야 한다고 하였다.

18 X

강임이란 같은 종류의 직무에서 하위 직위에 임용하는 것을 말한다.

19 O

합법성의 원리는 모든 행정은 법에 의거하고 법이 정하는 범위 내에서 이루어지는 것을 원칙으로 한다는 것이다.

20 O

그 밖에 학교의 예산안과 결산, 학교교육과정의 운영방법, 교과용 도서와 교육 자료 선정, 정규학습시간 종료 후 또는 방학기간 중의 교육활동 및 수련활동, 대학입학 특별전형 중 학교장 추천 등에 관한 사항을 심의한다.

1 key word : 뒤르껨

뒤르껨은 교육의 목적이 전체 사회로서의 정치 사회와 그가 종사해야 할 특수 환경의 양편에서 요구하는 지적, 도덕적, 예술적 특성을 아동에게 육성 계발하는 데 있다고 보았다. (O/X)

2 key word : 정신분석 상담과 행동주의 상담

정신분석 상담과 행동주의 상담은 인간의 행동을 인과적 관계로 해석하는 결정론적 관점을 가진다. (O/X)

3 key word : 특수 학습자 유형

학습부진(under achiever)은 정서적 혼란과 같은 의미로 사용되며 개인적 불만, 사회적 갈등, 학교성적 부진이 지속적으로 나타난다. (O/X)

4 key word : 렝그랑의 평생교육

렝그랑은 학교교육과 학교 외 교육의 시간적·공간적 분리를 강조하였다. (O/X)

5 key word : Z점수

T점수 60을 Z점수로 환산하면 +1점이다. (O/X)

6 key word : 에릭슨의 심리사회적 발달단계

에릭슨은 현 단계에서는 직전 단계에서 실패한 과업을 해결할 수 없다고 보았다. (O/X)

7 key word : 베버의 관료제

분업과 전문화라는 관료제의 특성으로 인해 권태라는 역기능이 발생할 수 있다. (O/X)

8 key word : 학교운영위원회

학교운영위원회의 위원 수는 5명 이상 15명 이하의 범위에서 학교의 규모 등을 고려하여 교육부령으로 정한다. (O/X)

9 key word : 자유학기제

자유학기제는 2013년도에 연구학교에서 시작되었고, 2015년도부터 모든 중학교에서 시행되었다. (O/X)

10 key word : 지방교육재정교부금제도

기준재정수입액을 산정하기 위한 각 측정단위의 단위당 금액을 단위비용이라 한다. (O/X)

11 key word : 실학주의 철학

감각적 실학주의는 감각적 경험을 통하여 생활의 지식을 습득하며, 이해와 판단을 중시하는 교육방법을 강조하였다. (O/X)

12 key word : 콜만의 사회자본

부모가 자신의 자녀가 다니는 학교의 학부모회에 참석하고 학생지도에 협력하는 것은 콜만의 사회자본에 해당한다. (O/X)

13 key word : 교육과정 유형

영 교육과정은 가르칠 만한 가치가 있음에도 불구하고, 공식적 교육과정이나 수업에서 빠져 있는 교육내용이다. (O/X)

14 key word : 켈러의 ARCS 이론

비일상적인 내용이나 사건을 제시함으로써 학습자의 흥미를 유발하는 것은 켈러의 ARCS 이론 중 R에 해당한다. (O/X)

15 key word : 가네의 학습결과유형

학습자가 그의 주위 환경을 개념화하여 반응하는 능력은 가네의 학습결과유형 중 지적기능에 해당한다. (O/X)

16 key word : 교육입국조서

「교육입국조서」는 교육의 3대 강령으로 덕양(德養), 체양(體養), 지양(智養)을 제시하였다. (O/X)

17 key word : 장학의 유형

요청장학은 교내 자율장학으로, 사전 예방차원에서 전문적이고 집중적인 지원이 필요한 경우 이루어지는 장학형태이다. (O/X)

18 key word : Kappa 계수

Kappa 계수는 문항들 간의 동질성을 평가하기 위한 지수로 적합하다. (O/X)

19 key word : 독학학위제

독학학위제는 교양과정, 전공기초과정, 전공심화과정 등의 3개 인정시험을 통과하면, 학사학위를 수여하는 제도이다. (O/X)

20 key word : 피터스의 교육 개념

교육의 개념을 '무엇인가 가치 있는 것'을 추구하는 활동으로 보는 것은 R. 피터스가 구분한 규범적 준거에 해당한다. (O/X)

✔ 정답과 해설

1 X

지적, 도덕적, 신체적 특성을 아동에게 육성 계발하는 데 있다고 보았다.

2 O

정신분석 상담은 아동기의 경험과 무의식이, 행동주의 상담은 아동이 처한 환경이 인간의 행동에 전적으로 영향을 준다고 보는 결정론적 관점을 가진다.

3 X

정서 및 행동장애에 대한 설명이다. 학습부진은 선수학습 결손으로 인해 자신의 지적능력에 비해서 최저 수준에 미달하는 학업 성취를 보이는 것을 말한다.

4 X

랭그랑은 학교교육과 학교 외 교육의 시간적·공간적 통합을 강조하였다.

5 O

T점수 60을 Z점수로 환산하면 60 = 50 + 10Z이므로 +1점이다.

6 X

에릭슨은 이전 단계에서 실패하거나 완전히 달성하지 못한 과업이 있다면 전 여생을 통하여 되풀이 되어 나타난다고 보았다.

7 O

분업과 전문화의 순기능으로는 전문성이 있으며, 역기능으로 권태가 발생할 수 있다.

8 O

「초·중등교육법」 제31조(학교운영위원회의 설치) 제3항의 내용이다.

9 X

2013년도에 연구학교에서 시작되었고, 2016년도부터 모든 중학교에서 시행되었다.

10 X

단위비용이란 기준재정수요액을 산정하기 위한 각 측정단위의 단위당 금액을 말한다〈지방교육재정교부금법 제2조(정의) 제4호〉.

11 X

감각적 실학주의는 감각적 지각을 기초로 한 교육을 강조하면서 자연과학적 지식과 연구방법을 교육에 도입하고자 하였다.

12 O

콜만은 학생의 가정배경이 학업성취에 미치는 가장 중요한 요인이며, 그 중에서도 사회적 관계형성과 관련된 사회자본을 강조하였다.

13 O

영 교육과정은 교육과정이 갖는 선택과 배제, 포함과 제외라는 특성에 서 비롯된 필연적 산물이다.

14 X

A(주의집중)에 해당한다. 켈러의 ARCS 이론은 각각 주의집중(Attention), 관련성(Relevance), 자신감(Confidence), 만족감(Satisfaction)을 의미한다.

15 O

학습의 성과는 학습의 결과로 얻어지는 대상 또는 목표로 지적기능, 인지전략, 언어정보, 운동기능, 태도의 다섯 가지가 있다.

16 O

「교육입국조서」의 주요 내용으로는 교육입국사상, 지덕체 삼육론, 실용교육이 있다.

17 X

요청장학은 교원 및 학교의 의뢰에 따라 외부로부터 이루어지는 장학형태이다.

18 X

Kappa 계수는 두 관찰자 간의 측정 범주 값에 대한 일치도를 나타내는 지표로, 문항들 간의 동질성을 평가하기 위한 지수로 적합하지 않다.

19 X

교양과정, 전공기초과정, 전공심화과정, 종합시험 등의 4개 인정 시험을 통과해야 한다.

20 O

피터스는 교육의 개념을 규범적, 인지적, 과정적의 3가지 준거로 구분하였다.

1 key word : 플라톤의 국가론

플라톤은 초기교육은 철학을 중심으로 하고, 후기 교육은 음악과 체육을 강조하였다. (O/X)

2 key word : 실존주의 교육철학

실존주의 교육철학은 교과보다는 학생에 관심을 기울이고, 교사와 학생의 인격적 만남을 중시한다. (O/X)

3 key word : 감각적 실학주의

감각적 실학주의는 자연과학의 지식과 방법론을 활용하여 교육의 현실적 적합성과 실용성을 추구한다. (O/X)

4 key word : 성균관

성균관 유생에게 매월 옷을 세탁하도록 주어지는 휴가일에는 활쏘기와 장기, 바둑, 사냥, 낚시 등의 여가 활동이 허용되었다. (O/X)

5 key word : 학습휴가제

「평생교육법」상 학습휴가제에 따르면, 도서비·교육비·연구비 등 학습비를 지원할 수 있다. (O/X)

6 key word : W. 파이너

W. 파이너는 인간의 내면세계에 보다 가까이 다가가기 위해 학생 자신의 유전적 특성에 주목하는 쿠레레(currere) 방법을 제시하였다. (O/X)

7 key word : 반분검사신뢰도

반분검사신뢰도를 추정하려고 할 때, 검사 도구는 문항 간 동질성이 높아야 한다. (O/X)

8 key word : 2015 개정 교육과정

통합사회와 우리들은 1학년은 2015 개정 교육과정에서 신설되었다. (O/X)

9 key word : 사회성 측정법

사회성 측정법은 문항 작성 절차가 복잡하고 검사 시간이 길다. (O/X)

10 key word : 쾰러의 통찰학습

쾰러의 통찰학습은 형태주의 학습 이론과 관련 있다. (O/X)

11 key word : 생활지도

취업지도 업무를 담당하는 교사가 취업한 졸업생들에게 전화를 걸어 직장생활에 잘 적응하고 있는지를 점검하는 것은 추수활동에 해당한다. (O/X)

12 key word : 상담기법

토큰강화는 조건형성 원리에 기초한 상담기법이다. (O/X)

13 key word : 학생 징계의 종류

사회봉사의 징계처분을 받은 학생 또는 그 보호자는 시·도 학생징계조정위원회에 재심을 청구할 수 있다. (O/X)

14 key word : 모바일 러닝

모바일 러닝은 PDA, 태블릿 PC 등을 활용하여 물리적 공간에서 이동하면서 가상공간을 통하여 학습이 가능하다. (O/X)

15 key word : 문화재생산이론

P. 브르디외는 문화자본으로 예술 작품과 같이 객체화된 것, 학력이나 자격과 같이 제도화된 것, 일종의 행동 성향처럼 습성화된 것이 있다고 보았다. (O/X)

16 key word : 교수·학습방법

학생들이 현실 생활에서 당면할 수 있는 문제를 소집단 협동학습을 통해 해결하도록 안내한 것은 교사 중심의 교수·학습방법이다. (O/X)

17 key word : 교원

교장, 교감, 행정실장은 현행 법령상 교원에 해당한다. (O/X)

18 key word : 수석교사의 역할

수석교사는 교사의 교수·연구 활동을 지원하며, 학생을 교육한다. (O/X)

19 key word : 교원의 연수

교직 4년차인 교사가 특수학교 1급 정교사 자격증을 취득하기 위해 연수에 참여한 것은 특별연수에 해당한다. (O/X)

20 key word : 장학의 유형

교장이 순시를 통해 교사의 수업 장면을 살펴보고 필요한 조언을 하는 것은 약식장학에 해당한다. (O/X)

1 X

플라톤은 그의 저서 『국가론』에서 초기교육은 음악과 체육을 중심으로 하고, 후기 교육은 철학 또는 변증법을 강조하였다.

2 O

실존주의 교육철학은 개인의 중요성과 전인교육, 인격교육 등을 강조한다.

3 O

감각적 실학주의는 자국어 · 자연과학 · 사회과학의 실제적인 국면을 중시했으며, 직관교수법, 합자연의 원리에 따라 교육하였다.

4 X

세종 4년부터 한 달에 두 번 공식 휴가가 주어졌는데, 부모님을 찾아가거나 빨래를 하며 휴식을 취했다. 그러나 활쏘기와 장기, 바둑, 사냥, 낚시 등의 놀이는 금지됐다.

5 O

국가 · 지방자치단체와 공공기관의 장 또는 각종 사업의 경영자는 소속 직원의 평생학습기회를 확대하기 위하여 유급 또는 무급의 학습휴가를 실시하거나 도서비 · 교육비 · 연구비 등 학습비를 지원할 수 있다〈평생교육법 제8조(학습휴가 및 학습비 지원)〉.

6 X

W. 파이너는 인간의 내면세계에 보다 가까이 다가가기 위해 학생 자신의 전기적(biographical) 상황에 주목하는 쿠레레(currere) 방법을 제시하였다.

7 O

반분검사신뢰도란, 하나의 검사를 실시한 후에 두 개의 동형검사를 동시에 실시하였다고 보고, 한 검사를 두 개의 동등한 부분으로 나누어 따로 채점하여 두 개의 반분된 검사 간의 상관관계를 얻은 후, 이를 전체검사에서 기대되는 상관관계로 수정한 신뢰도이다. 따라서 문항 간 동질성이 높아야 한다.

8 X

2015 개정 교육과정에서 신설된 것은 통합사회, 통합과학, 안전한 생활이다. 우리들은 1학년은 제5차 교육과정에서 처음 도입되었다.

9 X

사회성 측정법은 피험자가 충분히 이해할 수 있는 수준에서 제작되어야 하므로, 문항은 복잡하지 않아야 한다.

10 O

형태주의자들은 학습이란 행동주의자들이 주장하는 것과 같이 밖으로 드러나는 행동의 변화로 관찰되는 것이 아니라, 주어진 요소들과 각각의 인지구조가 상호작용하여 일어난다고 보았다.

11 O

추수활동은 이미 지도 받았던 학생들에 대해 계속적으로 성장과 발달을 도와 보다 나은 적응을 하도록 점검하는 과정이다.

12 O

조건형성 원리에 기초한 상담기법은 행동적 영역의 상담기법과 관련 있다.

13 X

재심을 청구할 수 있는 징계처분은 퇴학처분이다.

14 O

모바일 러닝은 무선환경에서 네트워크에 접속하여 학습한다.

15 O

브르디외는 지배집단의 자녀들은 자신들이 상속받은 문화자본을 학교가 제공하는 학벌과 같은 다른 형태의 문화 자본으로 쉽게 전환하여 부모 세대의 사회 경제적 지위를 재획득한다고 하였다.

16 X

협동학습은 학습자 중심의 교수 · 학습방법이다.

17 X

학교운영에 필요한 행정직원 등 직원과 조교는 교직원에는 해당하지만 교원에는 해당하지 않는다.

18 O

「초 · 중등교육법」 제20조(교직원의 임무) 제3항의 내용이다.

19 X

자격연수에 해당한다. 특별연수는 교육공무원을 국내외의 교육기관 또는 연구기관에서 일정 기간 연수를 받는 것이다.

20 O

약식장학은 전통적 장학의 한 유형으로 교장이나 교감이 비공식적으로 학급순시나 수업참관을 통해 이루어진다.

1 key word : 교육재정

교육재정은 수입이 결정된 후에 지출을 조정하는 양입제출(量入制出)의 원칙이 적용된다. (O/X)

2 key word : 관료제의 특성

학교조직은 교장 - 교감 - 교사의 위계구조를 갖는다는 면에서 관료제의 특성을 띤다. (O/X)

3 key word : 교원의 연수

2급 정교사인 사람이 1급 정교사가 되고자 할 때에는 직무연수를 받아야 한다. (O/X)

4 key word : 방어기제

사회적으로 용인될 수 없는 충동을 정반대의 말이나 행동으로 표출하는 것은 방어기제 중 억압에 해당한다. (O/X)

5 key word : 리더십 이론

허시와 블랜차드의 상황적 리더십 이론은 구성원의 성숙도를 지도자 행동의 효과성에 영향을 주는 주요 요인으로 본다. (O/X)

6 key word : 학교회계의 세입

지방교육세는 「초·중등교육법」에 따른 국공립학교 학교회계의 세입에 해당한다. (O/X)

7 key word : 법적용의 우선원칙

신법과 구법이 충돌할 때에는 먼저 제정된 법을 우선적으로 적용한다. (O/X)

8 key word : 교직원의 신분

공립학교 행정실장은 교육공무원이다. (O/X)

9 key word : 실존주의 교육철학

실존주의 교육철학은 교육을 자기결정적인 자아의 형성을 위한 것으로 본다. (O/X)

10 key word : 코메니우스의 교육사상

코메니우스는 감각교육의 중요성을 강조하였다. (O/X)

11 key word : 플립러닝

플립러닝은 학생이 사전에 온라인 등으로 학습내용을 공부해 오게 한 후 학교 수업에서는 문제해결이나 토론 등의 상호작용에 중점을 두는 수업 형태이다. (O/X)

12 key word : 교육평등

학교의 시설, 교사의 자질, 교육과정 등의 측면에서 학교 간의 차이가 없어야 한다는 관점은 교육기회의 평등에 해당한다. (O/X)

13 key word : 학교교육의 기능

학교는 능력에 맞게 인재를 사회의 적재적소에 배치하는 데 기여한다고 보는 관점은 기능론적 관점이다. (O/X)

14 key word : 인지주의 학습전략

기존에 가지고 있던 정보를 새로운 정보에 연결하여 정보를 유의미한 형태로 바꾸는 것은 인지주의 학습전략 중 정적 강화에 해당한다. (O/X)

15 key word : 형태주의 심리학

형태주의 심리학에서 학습은 인지구조의 변화가 아니라 행동의 변화를 나타낸다. (O/X)

16 key word : 성균관

원점법은 조선시대 성균관 유생의 출석 확인을 위한 방식이다. (O/X)

17 key word : 평가의 유형

학습목표를 설정해 놓고 이 목표에 비추어 학습자 개개인의 학업성취 정도를 따지려는 것은 준거참조평가에 해당한다. (O/X)

18 key word : 사회인지이론

사회인지이론에서 주장하는 관찰학습의 단계는 동기화단계 → 주의집중단계 → 파지단계 → 재생단계 순이다. (O/X)

19 key word : 상황학습

상황학습의 설계 원리에 따르면, 전이(transfer)를 촉진할 수 있도록 추상적인 형태의 지식을 제공해야 한다. (O/X)

20 key word : 타일러의 교육과정이론

타일러는 교육과정을 교육목적, 교육내용, 교육방법, 학습활동까지 포함하는 경험으로 파악한다. (O/X)

1 X

교육재정은 양출제입(量出制入)이 원칙으로, 정부나 지방자치단체로부터 전입된 예산만 잘 집행하는 것이 교육재정의 특성이다.

2 O

관료제는 엄격한 권한의 위임과 전문화된 직무의 체계를 가지고 합리적인 규칙에 따라 조직의 목표를 능률적으로 실현하는 조직의 관리운영체제이다.

3 X

2급 정교사인 사람이 1급 정교사가 되고자 할 때에는 자격연수를 받아야 한다.

4 X

반동형성에 해당한다. 반동형성은 금지된 충동을 억제하기 위해 그와 반대되는 사고와 행동을 강조하는 것을 말한다.

5 O

허시와 블랜차드는 구성원의 성숙도에 따라 리더십 유형을 위임형, 참여형, 설득형, 지시형의 4가지로 분류하였다.

6 X

「초·중등교육법」에 따른 학교회계의 세입으로는 국가의 일반회계나 지방자치단체의 교육비특별회계로부터 받은 전입금, 학교운영위원회 심의를 거쳐 학부모가 부담하는 경비, 학교발전기금으로부터 받은 전입금, 국가나 지방자치단체의 보조금 및 지원금, 사용료 및 수수료, 이월금, 물품매각대금 등이 있다.

7 X

신법과 구법이 충돌할 때에는 새로이 제정되거나 개정된 신법이 우선한다.

8 X

공립학교 행정실장은 일반직 공무원이다.

9 O

3실존주의 교육철학에서 교육의 목적은 자유롭고 주체적이며 창조적인 인간형성에 있다.

10 O

코메니우스는 직관을 교육의 제1원칙으로 둔 실학주의 교육학자이다.

11 O

플립러닝은 거꾸로 학습, 역전학습이라고도 한다.

12 X

교육조건의 평등에 해당한다.

13 O

학교교육이 사회 전체의 유지와 통합에 기여한다고 보는 기능론적 관점이다.

14 X

정교화에 해당한다. 정적 강화는 어떤 반응 또는 행동에 대하여 그 행동의 빈도나 강도를 증가시키는 자극을 제공하는 것이다.

15 X

형태주의 심리학은 학습을 인지구조의 변화라고 보고, 인간기능의 내적 정신과정, 즉 인지구조의 변화과정에 대해 객관적이고 과학적인 방법으로 연구한다.

16 O

원점법(圓點法)은 조선시대 성균관과 사학(四學) 등에 거재하는 유생들의 출석·결석을 점검하기 위하여 아침·저녁으로 식당에 들어갈 때마다 도기(到記)에 원점을 찍게 하던 규정이다.

17 O

준거참조평가는 평가대상자가 사전에 결정된 어떤 성취기준 또는 교육목표를 달성하였는지 혹은 달성하지 못하였는지에 초점을 두는 평가이다.

18 X

사회인지이론에 따른 관찰학습은 주의집중 → 파지(기억) → 재생 → 동기화(강화) 과정을 거친다.

19 X

전이를 촉진하기 위해서는 구체적인 형태의 지식을 제공해야 한다.

20 O

타일러의 교육과정 이론은 교육과정을 학문으로 체계화하고 교육과정을 개발·설계하는 데 종합적인 지침을 제시하였다.

1 key word : 학교폭력예방 및 대책

중학생인 학교폭력 가해자는 퇴학처분을 취할 수 없다. (O/X)

2 key word : 평가 유형

수업 중 수업지도방법을 개선하거나 학습행동을 강화하고자 시행하는 평가는 형성평가이다. (O/X)

3 key word : 행동주의 학습이론

행동주의 학습이론에 따르면 학습자는 상황에 관계없이 스스로 사고하고 판단하는 존재이다. (O/X)

4 key word : 교육과정 이론

인간중심 교육과정은 정의적 특성의 발달보다는 지적 능력의 성취를 강조한다. (O/X)

5 key word : 신라시대 국학

신라시대의 국학은 6두품 출신 자제들에게만 입학 자격이 부여되었다. (O/X)

6 key word : 지방교육자치제도

정당은 교육감선거에 후보자를 추천할 수 없다. (O/X)

7 key word : 동기이론

브룸의 기대이론은 성과기대, 보상기대의 두 가지 기본 요소를 토대로 이론적 틀을 구축하였다. (O/X)

8 key word : 브르디외 문화재생산이론

브루디외의 문화재생산이론에 따르면 가정에서 자녀의 교육을 위해 지출하는 직접적인 교육비는 문화자본에 해당한다. (O/X)

9 key word : 기간제교원

「교육공무원법」상 고등학교 이하 각급학교에서는 특정 교과를 한시적으로 담당하도록 할 필요가 있는 경우 기간제교원을 임용할 수 있다. (O/X)

10 key word : 검사도구의 신뢰도

실시한 하나의 검사를 두 부분으로 나누어 각 부분의 측정 결과 간의 유사도 추정을 통해 검사도구의 신뢰도를 높일 수 있다. (O/X)

11 key word : 현대교육사상가

M. 부버는 지식 교육을 통한 정체성 확립에 교수 목표가 있다고 보았다. (O/X)

12 key word : 피아제의 인지발달단계

피아제의 인지발달단계를 순서대로 나열하면 감각운동기 → 전조작기 → 형식적 조작기 → 구체적 조작기이다. (O/X)

13 key word : 인간중심 상담기법

인간중심 상담기법은 상담자와 내담자 사이의 촉진적 관계를 강조한다. (O/X)

14 key word : 브루너의 지식의 구조

브루너의 '지식의 구조'는 경험중심 교육과정의 핵심적인 원리이다. (O/X)

15 key word : 플라톤의 국가론

플라톤은 그의 저서 『국가론』에서 국가는 능력에 따라 구분된 계급에 적합한 교육을 시켜야 한다고 주장한다. (O/X)

16 key word : 헌법상의 교육

헌법 제31조에는 교육제도의 법정주의가 규정되어 있다. (O/X)

17 key word : 헤르바르트의 4단계 교수론

지식이 하나의 통일된 전체로 배열되는 단계는 헤르바르트의 교수 4단계 중 두 번째 단계에 해당하는 체계(system) 단계이다. (O/X)

18 key word : 순환교육

순환교육은 의무교육과 같은 정규교육 영역을 중심으로 제안한 전략이다. (O/X)

19 key word : 공·사교육비

학생이 사설학원에 내는 학원비는 공교육비에 해당하지 않는다. (O/X)

20 key word : 콜버그의 도덕성 발달이론

아픈 아내를 위해 약을 훔친 남자에 대해 '좋은 남편은 아내를 잘 돌보아야 하기 때문에 이러한 행위는 정당하다'고 대답한 아동은 콜버그의 도덕성 발달이론 중 3단계에 해당한다. (O/X)

✓ 정답과 해설

1 O

중학교 과정은 의무교육과정으로 퇴학처분은 취할 수 없다.

2 O

평가는 시행 시기에 따라 진단평가, 형성평가, 총괄평가로 구분할 수 있다.

3 X

행동주의 학습이론은 학습자를 자극에 대해 수동적으로 반응하는 존재라고 본다.

4 X

인간중심 교육과정의 교육목적은 교양인보다 자연인의 육성에 있다.

5 X

국학의 입학자격은 대사 이하 무위자의 신분을 가진 자 중에서 나이가 15세에서 30세에 해당하는 사람으로 규정하였다.

6 O

「지방교육자치에 관한 법률」 제46조(정당의 선거관여행위 금지 등) 제1항의 내용이다.

7 X

유인가, 성과기대, 보상기대의 세 가지 기본 요소를 토대로 이론적 틀을 구축하였다.

8 O

직접적인 교육비는 경제자본이다.

9 O

기간제교원의 임용이 가능한 경우
㉠ 교원이 휴직하게 되어 후임자의 보충이 불가피한 경우
㉡ 교원이 파견 · 연수 · 정직 · 직위해제 등의 사유로 직무를 이탈하게 되어 후임자의 보충이 불가피한 경우
㉢ 특정 교과를 한시적으로 담당하도록 할 필요가 있는 경우
㉣ 교육공무원이었던 사람의 지식이나 경험을 활용할 필요가 있는 경우
㉤ 유치원 방과 후 과정을 담당하도록 할 필요가 있는 경우

10 O

반분신뢰도에 대한 설명이다.

11 X

부버는 교수 목표가 지식 교육이 아니라 아동과의 관계형성을 통한 정체성 확립에 있다고 보았다.

12 X

감각운동기 → 전조작기 → 구체적 조작기 → 형식적 조작기 순이다.

13 O

인간중심상담은 인간의 잠재력과 가능성에 대한 신뢰를 바탕으로 C. 로저스가 창시한 이론이다.

14 X

브루너의 '지식의 구조'는 학문중심 교육과정에서 발견학습, 나선형 교육과정의 핵심적인 원리이다.

15 O

플라톤은 교육을 통해 나라의 법과 관습을 유지 · 보존하는 수호자들을 지속적으로 키워내고자 한다. 따라서 국가는 능력에 따라 구분된 계급에 적합한 교육을 실시하기 위해 적극적으로 개입해야 한다고 주장한다.

16 O

학교교육 및 평생교육을 포함한 교육제도와 그 운영, 교육재정 및 교원의 지위에 관한 기본적인 사항은 법률로 정한다〈「헌법」 제31조 제6항〉.

17 X

헤르바르트의 4단계 교수는 명료, 연합, 체계, 방법의 단계를 거친다. 지식이 하나의 통일된 전체로 배열되는 단계 세 번째 단계에 해당하는 체계이다.

18 X

순환교육은 의무교육 이후에 개인의 필요에 따라 교육과 노동이 계속적으로 반복되는 형태이다.

19 O

학생이 사설학원에 내는 학원비는 사교육비에 해당한다.

20 O

착한 소년/소녀를 지향하는 3단계에 해당한다.

1 key word : 실존주의 교육철학

실존주의 교육철학은 삶의 긍정적·부정적 측면을 통해 학습자 스스로가 삶의 문제를 해결하고 주체적으로 성장할 수 있다고 본다. (O/X)

2 key word : 잠재적 교육과정

잠재적 교육과정은 학생에게 의도적으로 전달되는 교육과정이다. (O/X)

3 key word : 파슨스의 사회체제이론

파슨스는 학교교육이 지배와 종속의 관계를 유지시켜 주는 역할을 한다고 주장한다. (O/X)

4 key word : 경제적 재생산이론

보울스와 진티스는 학교가 자본주의적 사회관계의 유지에 필수적인 통합기능을 수행하는 기관이라고 보았다. (O/X)

5 key word : 롤스의 교육평등 원리

사회적으로 가장 불리한 입장에 있는 사람의 필요에 특히 신경 쓸 것을 요구하는 것은 롤스의 교육평등 원리 중 인간존중의 원리이다. (O/X)

6 key word : 평생교육

건강심성 프로그램은 평생교육의 6대 영역 중 인문교양교육에 해당한다. (O/X)

7 key word : 개화기 교육

배재학당은 우리나라 최초로 설립된 민간 신식교육기관이다. (O/X)

8 key word : 검사도구의 양호도

높은 신뢰도는 높은 타당도가 되기 위한 충분조건이다. (O/X)

9 key word : 아리스토텔레스의 교육사상

아리스토텔레스에 따르면 교육의 최종적인 목적은 행복한 삶을 영위할 수 있는 인간을 기르는 것이다. (O/X)

10 key word : 피어슨의 적률상관계수

피어슨의 적률상관계수를 활용하여 독서량과 국어 원점수 간의 상관을 분석하는 과정에서 국어 원점수를 T점수로 변환하면 두 변수 간의 상관계수는 달라진다. (O/X)

11 key word : 원격교육

원격교육은 교수자와 학습자가 물리적으로 떨어져 있으나 교수·학습 매체를 통해 의사소통을 한다. (O/X)

12 key word : 구성주의 교육

구성주의 교육은 학습자가 정보를 획득하고 의미를 재구성할 수 있도록 복잡하고 비구조화된 과제를 제시한다. (O/X)

13 key word : 장학의 유형

동료장학은 교사관계를 증진할 수 있고, 학교 및 학생 교육에 대한 적극적인 자세와 전문적 신장을 도모할 수 있다. (O/X)

14 key word : 칼슨의 분류

칼슨의 분류에 따르면 공립학교는 고객의 참여결정권은 있고 조직의 고객선택권은 없는 유형 Ⅱ에 해당한다. (O/X)

15 key word : 배스의 변혁적 리더십

배스의 변혁적 리더십 요인 중 지적 자극은 기존 상황에 새롭고 개방적인 방식으로 접근함으로써 구성원이 혁신적이고 창의적이 되도록 유도하는 것을 말한다. (O/X)

16 key word : 브루너의 교수이론

브루너의 교수이론에 따르면 지식의 표상 양식은 영상적 표상으로부터 작동적 표상을 거쳐 상징적 표상의 순서로 발달해 나간다. (O/X)

17 key word : 교수설계이론

교수설계이론에서 설계단계는 설정된 목표를 달성하기 위해 어떤 내용을 어떻게 조직하고 제시해야 효과적인 결과를 얻을 것인가를 핵심질문으로 하는 수업의 청사진이다. (O/X)

18 key word : 피아제와 비고츠키

피아제는 학습이 발달을 주도한다고 보는 반면 비고츠키는 발달에 기초하여 학습이 이루어진다고 본다. (O/X)

19 key word : 행동주의 학습이론

일차적 강화물은 그 자체로 강화능력을 가지고 있지 않는 자극이 다른 강화물과 연합하여 가치를 얻게 된 강화물이다. (O/X)

20 key word : 상담이론

내담자 중심 상담은 미해결 갈등을 이해하는 것이 개인의 정신역동을 이해하는 방법이라고 본다. (O/X)

1 O

실존주의 교육철학은 자아실현과 주체성 회복을 강조한다.

2 X

잠재적 교육과정은 학생에게 무(無)의도적으로 전달되는 교육과정이다.

3 X

파슨스는 기능론을 체계화한 사회체제이론을 주장하였다. 학교교육이 지배와 종속의 관계를 유지시켜 주는 역할을 한다고 보는 것은 갈등론적 관점이다.

4 O

보울스와 진티스는 경제적 재생산이라는 개념을 사용하여 학교교육이 자본주의 경제체제를 재생산하는 데 어떻게 기여하는지 그 메커니즘을 설명하고자 하였다.

5 X

차등의 원칙에 대한 설명이다. 차등의 원칙은 사회의 가장 약자에게 이익이 돌아갈 경우에만 사회·경제적 불평등을 인정하는 것으로, 교육결과의 평등을 위해 보상적 교육을 실시하는 것과 관련 있다.

6 O

「평생교육법」 제2조에 따르면 평생교육이란 학교의 정규교육과정을 제외한 학력보완교육, 성인 문자해득교육, 직업능력 향상교육, 인문교양교육, 문화예술교육, 시민참여교육 등을 포함하는 모든 형태의 조직적인 교육활동을 말한다.

7 X

우리나라 최초로 민간에 의해 설립된 근대적 교육기관은 1883년에 원산에 세워진 원산학사이다.

8 X

높은 신뢰도는 높은 타당도가 되기 위한 필요조건이지 충분조건은 아니다.

9 O

아리스토텔레스는 이성적이고 행복한 생활의 영위에 교육목적을 두었다.

10 X

정상분포를 전제하고 있으므로, 원점수를 T점수로 변환해도 두 변수 간의 상관계수는 달라지지 않는다.

11 O

원격교육은 전통적 교육에서 출석에 의한 대면학습과 달리, 교수자와 학습자 간에 시간적·공간적 원격성을 전제로 인쇄물이나 방송·통신 및 컴퓨터 등 다양한 교육 매체들을 매개로 하여 행하게 되는 새로운 교육 형태를 말한다.

12 O

구성주의 교육은 학습자가 주변세계와의 상호작용을 통해 지식을 구성한다는 것을 강조한다.

13 O

동료장학은 동료교사들이 서로에 대한 장학활동을 하는 방식이다.

14 X

공립학교는 고객인 학생의 참여결정권과 조직인 학교의 학생선택권이 모두 없는 유형Ⅳ인 온상조직에 해당한다.

15 O

배스는 변혁적 지도자들의 특성을 이상적인 영향력(Idealized influence), 감화력(Inspirational motivation), 지적인 자극(Intellectual stimulation), 개별적 배려(Individualized consideration)의 4Is로 제시하였다.

16 X

지식의 표상 양식은 작동적 표상→영상적 표상→상징적 표상 순서로 발달해 나간다.

17 O

교수설계는 일반적으로 ADDIE 모형, 즉 분석(Analysis) → 설계(Design) → 개발(Development) → 설계(Implement) → 평가(Evaluation)의 과정을 따른다.

18 X

피아제는 발달에 기초하여 학습이 이루어진다고 보는 소극적 입장을, 비고츠키는 학습이 발달을 주도한다는 적극적 입장을 보였다.

19 X

이차적 강화물에 대한 설명이다. 일차적 강화물은 생리적, 선천적 요구를 만족시키는 자극물이다.

20 X

프로이트의 정신분석이론에 대한 설명이다.

1 key word : 타일러의 원리
타일러는 학습경험을 효과적으로 조직하는 원리로 계열성의 원리, 계속성의 원리, 유용성의 원리를 제시하였다. (O/X)

2 key word : 시험의 기능
시험이 지배문화와 지배문화의 가치관을 주입하는 가장 효과적인 도구로 이용되고 있다고 관점은 시험의 교육적 기능에 해당한다. (O/X)

3 key word : 형식학습과 비형식 학습
비형식 학습은 형식학습에 비해 개인화된 내용을 다룬다. (O/X)

4 key word : 교육행정 과정
교육행정 과정 중 조정은 각 부서별 업무 수행의 관계를 상호 관련시키고 원만하게 통합, 조절하는 일이다. (O/X)

5 key word : 교육비
학부모가 지출한 교재비는 사부담 교육비에 해당한다. (O/X)

6 key word : 비판적 교육철학
비판적 교육철학은 지식 획득을 포함한 인간의 모든 인식행위는 가치중립적인 것으로 간주한다. (O/X)

7 key word : 조선시대 교재
『동몽선습』은 학습내용을 경(經)과 사(史)로 나누어 제시하였다. (O/X)

8 key word : 전직
초등학교 교사가 중학교 교사가 된 것은 전직에 해당한다. (O/X)

9 key word : 평생교육
랭그랑의 『평생교육에 대한 입문』은 국제교육의 해와 개발연대를 맞아서 전 세계적으로 보급되었다. (O/X)

10 key word : 교육법
학생인권조례는 교육법의 존재형식상 규칙에 해당한다. (O/X)

11 key word : 인지적 도제학습
인지적 도제학습은 모델링, 코칭, 비계설정, 발화, 반성, 탐구의 수업방법을 활용한다. (O/X)

12 key word : 교육정책 결정 모형
쓰레기통 모형은 의사결정이 합리성보다는 우연성에 의존한다고 본다. (O/X)

13 key word : 연구방법
질문지법은 단시간에 다양한 자료를 수집할 수 있지만 결과 처리에 시간이 많이 소요된다. (O/X)

14 key word : 숙달목표지향성
숙달목표지향성은 능력 입증에 초점을 둔다. (O/X)

15 key word : 홀랜드의 직업흥미유형
홀랜드가 제안한 직업흥미유형에서 탐구형은 예술형보다 기업형과 유사성이 높다. (O/X)

16 key word : 인지주의 학습이론
메타인지란 사고과정에 대한 지식으로 자신의 인지과정 전체를 지각하고 통제하는 정신활동이다. (O/X)

17 key word : 구인타당도
구인타당도는 측정을 통해 얻은 사실로 미래의 행동특성을 예견한다. (O/X)

18 key word : 장학
협동장학은 조직의 규율과 절차, 효율성을 강조하였다. (O/X)

19 key word : 가네의 학습결과유형
운동기능은 가네가 제시한 학습의 결과에 해당한다. (O/X)

20 key word : 지능이론
스턴버그(Sternberg)는 지능은 유동적 지능과 결정적 지능으로 구성되며 결정적 지능은 경험에 따라 변할 수 있다고 하였다. (O/X)

1 X

계열성의 원리, 계속성의 원리, 통합성의 원리를 제시하였다.

2 X

시험의 사회적 기능에 해당한다.

3 O

비형식 학습은 형식학습에 비해 개인화된 내용을 다루며, 학습자가 입학조건을 결정한다.

4 O

조정이 잘 이루어지면 노력·시간·재정의 낭비를 막고, 각 부서 간의 부조화 및 직원 간의 갈등을 예방할 수 있다.

5 O

학부모가 지출한 교재비는 직접교육비 > 사교육비 > 사부담 교육비에 해당한다.

6 X

비판적 교육철학은 지식 획득을 포함한 인간의 모든 인식행위는 결국 자신에게 유리한 쪽으로 작용하는 가치지향적인 것으로 간주한다.

7 O

『동몽선습』은 조선 중종 때 박세무가 저술한 유학 입문용 교재이다.

8 O

「교육공무원법」에 따른 전직이란 교육공무원의 종류와 자격을 달리하여 임용하는 것을 말한다.

9 O

랭그랑의 『평생교육에 대한 입문』은 평생교육 개념 확산에 크게 기여하였다.

10 X

학생인권조례는 학생의 인권이 학교교육과정에서 보장·실현될 수 있도록 각 교육청에서 제정하는 조례이다.

11 O

도제학습은 전문가의 사고과정을 학습자가 실제로 내면화시키는 것이다.

12 O

쓰레기통 모형은 높은 불확실성을 경험하고 있는 조직에서 가장 많이 일어나는 정책결정 모형이다.

13 X

질문지법은 단시간에 다양한 자료를 수집하고 결과 또한 신속하게 처리할 수 있다.

14 X

숙달목표지향은 과제 자체를 숙달하는 것과 자기계발에 목적이 있으며 학습과정과 학습활동 자체에 초점을 둔다.

15 X

홀랜드의 직업흥미유형은 서로 거리가 가까울수록 유사성이 높다. 탐구형은 예술형이 기업형보다 유사성이 높다.

16 O

메타인지는 자신의 학습과정을 조절할 줄 아는 능력과 관련된다.

17 X

예언타당도에 대한 설명이다. 구인타당도는 한 검사가 어떤 심리적 개념이나 논리적 구인을 제대로 측정하는가를 검증한다.

18 X

조직의 규율과 절차, 효율성을 강조한 것은 관리장학이다.

19 O

가네의 목표별 수업이론모형에서 학습의 성과는 학습의 결과로 얻어지는 대상 또는 목표로, 지적기능, 인지전략, 언어정보, 운동기능, 태도가 있다.

20 X

카텔의 지능의 구조에 대한 설명이다. 스턴버그는 상황적 지능, 경험적 지능, 요소적 지능으로 구성된 삼원지능이론을 제안하였다.

MEMO

MEMO

봉투모의고사 **찐!5회** 횟수로 플렉스해 버렸지 뭐야 ~

서울시설공단 봉투모의고사(일반직)

광주도시철도공사 봉투모의고사(업무직)